Peter Grubbe

DER UNTERGANG DER DRITTEN WELT

Der Krieg zwischen Nord und Süd hat begonnen

Rasch und Röhring Verlag

Die Deutsche Bibliothek – CIP-Einheitsaufnahme

Grubbe, Peter:
Der Untergang der Dritten Welt: der Krieg zwischen Nord und Süd hat begonnen/Peter Grubbe.–Hamburg: Rasch und Röhring, 1991
ISBN 3-89136-419-9

Umschlaggestaltung: Studio Reisenberger
Satzherstellung: Utesch Satztechnik, Hamburg
Druck- und Bindearbeiten: Ebner Ulm
Printed in Germany

Meinem alten Mitstreiter Tilman Zülch
und der »Gesellschaft für bedrohte Völker«,
den unermüdlichen Anwälten
der Ausgebeuteten in der Dritten Welt

INHALT

1 ■ DER TRAUM IST ZERBROCHEN

Begegnung mit Timbuktu

■ Die Straße ist leer. Zahlreiche Häuser haben keine Fenster, keine Türen, keine Dächer mehr und scheinen unaufhaltsam im Sand zu versinken. Ein Hund äugt mißtrauisch aus einem Torweg. Eine alte Frau schlurft, ohne den Kopf zu wenden, um eine Ecke.

Es ist fünf Uhr nachmittags. Die Zeit zwischen der Mittagshitze und dem Dunkel der Nacht. Die Zeit, in der Afrikas Städte zum Leben erwachen, in der die Händlerinnen auf den Märkten ihre Waren anpreisen und die Hausfrauen für das Abendessen einkaufen. Aber der Marktplatz von Timbuktu ist leer. Ein klappriges Auto steht im dürftigen Schatten einer Schule; Dach und Kühlerhaube bedeckt grauer Sand, so, als sei seit Wochen niemand damit gefahren. Und es ist still; so still, daß man meint, das leise Sirren der Sandkörner zu hören, die der Wind um die Ecken der Häuser weht.

Timbuktu. Die sagenumwobene ehemalige »heimliche Hauptstadt Zentralafrikas«. Die »Koran-Universität in der Wüste«. Viele Jahre lang hatte ich davon geträumt, die Residenz des großen Mali-Kaisers Mansa Moussa kennenzulernen, jene Stadt, wo in der Blütezeit Afrikas Gelehrte aus aller Welt zusammenströmten, um die Worte Mohammeds auszulegen und an den über 150 Koranschulen Allahs Gesetze zu lehren.

Damals brachten Kamelkarawanen Salz und Datteln aus der Wüste, schleppten Sklavenkolonnen Getreide und Gold aus dem Süden hierher, feilschten hier Mauren und Berber, Araber und Schwarze, Kaufleute aus Kano, Fes und Gadames um Waren und Preise. Damals war die Stadt an der Grenze zwischen Wüste und Savanne ein großes Handelszentrum, ein Treffpunkt für Menschen aus vieler Herren Länder, eine afrikanische Metropole.

Die große Zeit von Timbuktu liegt gut ein halbes Jahrtausend zurück. Damals herrschte Venedig über das Mittelmeer, war Karl V. deutscher Kaiser, zeichnete Dürer und malte Tizian. Und ich dachte, ich würde in Timbuktu noch etwas finden, was an den Glanz und den Reichtum erinnerte, den zumindest dieser Teil des europäischen Nachbarkontinents damals besaß. Tempelruinen, Mauern eines Schlosses oder einer Burg oder wenigstens die zerfallenen Fronten einiger Häuser, in denen die Mächtigen des Landes zu jener Zeit gewohnt hatten, Spuren wie in Mexiko oder Kambodscha oder Peru.

Aber alles, was ich sehe, sind einstöckige Lehmhäuser und graue Mauern. Von dem einzigen angeblichen Wahrzeichen ehemaliger Größe, der Djingareiber-Moschee, stammt nur das Fundament aus der Vergangenheit. Die Moschee selbst wurde, wie mir ein bärtiger Imam erklärt, in der Kolonialzeit nachgebaut. Von ihrem Minarett aus hat man einen weiten Blick, aber man sieht nur Sand.

Wo die Stadt endet und wo einst Bäume wuchsen, in deren Schutz wilde Tiere lebten, findet sich heute nichts als Sand. Der Seitenarm des Niger, auf dem die Pirogen die Waren einst bis an den Marktplatz der Stadt brachten, ist versiegt. Fünfzehn Kilometer Straße führen bis zum Ufer des Stroms, der einst einer der großen Handelswege Westafrikas war und dem Timbuktu einen erheblichen Teil seines früheren Reichtums verdankte.

Noch immer leben über 20 000 Menschen in der Stadt, versichert mir der Bürgermeister. Aber ich sehe sie nicht und vermag auch nicht zu erkennen, wovon sie leben. Noch immer kommen Salzkarawanen aus der Wüste. Aber ihre Zahl geht ständig zurück. Und die Touristen, auf die der Besitzer des kleinen Hotels gehofft hatte, werden nach kurzem Boom ebenfalls wieder spärlicher.

»Amerikaner kommen noch«, sagt der Bürgermeister, »sie haben von der großen Geschichte unserer Stadt gehört. Aber wenn sie dann hier ankommen und nur Sand sehen ...«

Er zuckt die Achseln. Timbuktu sei symbolisch für Afrika, behauptet er. Überall führen die Flüsse immer weniger Wasser, denn immer mehr Bäume werden abgeholzt. Zahlreiche Wälder sind schon verschwunden. Deshalb bleibt immer häufiger der Regen aus. Weil das Wasser fehlt und die Ernten immer dürftiger werden, findet das Vieh zuwenig zu fressen. Daher wird das dürre Grasland überweidet, und die Wüste rückt immer weiter vor. Afrika hat eine schlechte Zeit.

»Als die Europäer abzogen, dachen wir, alles würde besser werden«, sagt der Bürgermeister, »es würde wieder so werden, wie es einmal war, damals, als Timbuktu eine reiche Stadt war mit großen Häusern und Moscheen und

einer Universität. Aber nichts ist besser geworden, im Gegenteil.«
Er sieht einem Flugzeug nach, das hoch im blaßgrauen Himmel nach Norden zieht. Man könnte eine Menge tun für Timbuktu, versichert er mir, man könnte die Stadt retten, zum Beispiel durch einen Grüngürtel, nur 500 Meter breit und neun Kilometer lang, das würde schon reichen, und soviel würde das gar nicht kosten.
»Vor ein paar Jahren haben die Franzosen sogar mal gesagt, sie würden das finanzieren. Aber inzwischen interessieren sich die Europäer nur noch für ihre eigenen Länder. Und Timbuktu versinkt im Sand. Wie ganz Afrika.«
Timbuktu war ein Traum. Nicht nur für mich, sondern auch für eine ganze Anzahl von Menschen, die von Afrika fasziniert waren, von diesem riesigen Kontinent und seiner unbekannten Vergangenheit, von seinen dunkelhäutigen Menschen, die so gern lachen und fröhlich sind und das unkomplizierte Leben lieben, so ganz anders als wir. Und von den Möglichkeiten, die dieser Erdteil haben könnte, sollte, müßte. Denn es gab hier doch einmal Wohlstand und Reichtum und Kultur und Gelehrsamkeit. Jedenfalls haben wir Berichte darüber. Von Leo Africanus zum Beispiel, dem Geographen, und Ki Zerbo, dem Historiker, und dem Schotten Gordon Laing, der seinen Traum von Timbuktu mit seinem Leben bezahlte, von dem Franzosen René Caillé und dem Deutschen Heinrich Barth.
Für mich war Timbuktu in Afrika das, was in Asien Angkor Wat und in Lateinamerika die Tempelruinen der Inkas und Azteken waren. Ein Beweis dafür, daß es in den Ländern der Dritten Welt nicht immer nur Hunger und Armut und Elend gegeben hatte und daß es deshalb auch in Zukunft einmal wieder anders werden könnte, wenn man

nur den richtigen Weg finden würde, um zu helfen. Und weil die Stadt in Afrika liegt, in dem ärmsten der drei Kontinente der Dritten Welt und noch dazu am Rand der riesigen Wüste, war Timbuktu für mich eine Art Symbol – Symbol für eine Hoffnung.

Nach dem Start zum Rückflug dreht der Pilot der kleinen Maschine, die mich hierhergebracht hat, noch einmal eine Runde über den graubraunen Lehmhäusern, die offenbar unaufhaltsam im Sand versinken, und nimmt dann Kurs auf Bamako, die heutige Hauptstadt von Mali. Er ist jedesmal froh, wenn er hier wieder wegkommt, erklärt er mir, obwohl es natürlich gutes Geld bringt. Aber er versteht nicht, was die Leute hier wollen.

»Keine anständigen Straßen, ein kleines, mieses Hotel, nicht mal ein vernünftiges Café und dann der Sand, überall Sand. Daß da irgendwann mal was war, 'ne Universität und Paläste, das ist doch uninteressant.«

Viel besser ist Bamako natürlich auch nicht, gibt er zu. Aber ein bißchen schon. Außerdem hat er da nur noch zwei Jahre vor sich. Dann hört er auf mit dem Fliegen.

»Und dann?«

»Dann haue ich hier ab und setze nie wieder einen Fuß auf diesen verdammten Kontinent.«

Kann man sich von Afrika so einfach lösen, wenn man hier 15 Jahre gelebt hat?

Er lacht. Wenn er hier aufhört, ist das für ihn der schönste Tag in seinem Leben, versichert er mir. Dann geht er nach Frankreich zurück, nach Paris und im Sommer in die Bretagne, und genießt »richtiges Leben« mit 'ner Wohnung, mit 'nem Supermarkt um die Ecke, wo man alles kriegt, was man braucht, mit einem gepflegten Restaurant in der Nähe, ein paar Cafés, Läden, hübschen Mädchen.

Und Reisen?
Ein paar Reisen schon. Nach San Francisco zum Beispiel, wo er immer hinwollte und nie hingekommen ist. Und nach Spanien. Vielleicht auch mal nach Leningrad. Ein Kollege hat ihm erzählt, das sei eine tolle Stadt, seit Gorbatschow regiert. Aber nie wieder in die sogenannte Dritte Welt.

»Diese Länder, das ist doch einfach Sperrmüll. Hunger, Krankheiten, Kriminalität. Und die haben auch keinerlei Chancen hochzukommen, glauben Sie mir. Ich habe lange genug da gelebt.«

Ist Timbuktu kein Traum mehr, sondern ein Alptraum? Symbol für den endgültigen Untergang von Völkern, die einmal stolz und reich und mächtig waren, aber sich von ihrer Unterwerfung durch uns Europäer nie erholt haben? Für den Untergang von Ländern, die seit Jahrzehnten oder Jahrhunderten im Schatten liegen? Für den Untergang einer Welt, die versuchte, sich aus dem Streit zwischen den Mächtigen unserer Zeit herauszuhalten, um dabei nicht vernichtet zu werden wie das Gras unter den Füßen streitender Elefanten, aber die jetzt, da die Großen sich zu einigen scheinen, in Vergessenheit zu geraten droht?

Der Ost-West-Konflikt, der fast ein halbes Jahrhundert lang die Politik der Mächtigen unserer Welt bestimmte, ist weitgehend überwunden. Der Nord-Süd-Konflikt oder, richtiger vielleicht: die Kluft zwischen den Reichen und den Armen, den Satten und den Hungrigen, die bisher im Schatten der Auseinandersetzung zwischen den Supermächten lag, sollte also oder könnte wenigstens die reichen und mächtigen Staaten der Welt und ihre Bewohner beschäftigen. Denn sie haben ja nun Zeit, und sie hätten auch die Mittel dafür.

Aber bisher kam es kaum dazu. Der Norden fand vielmehr bislang noch weniger Mittel und noch weniger Zeit für den Süden als vor der Ost-West-Entspannung. Denn die plötzlich entdeckte Armut im Osten Europas beansprucht, so scheint es, alle Mittel und vor allem alles Interesse des reichen Westens. »Erst muß der Osten aufgebaut werden«, erklären Politiker in Bonn, Paris und Washington den Wartenden in Asien, Afrika und Lateinamerika, »dann kümmern wir uns um euch.«
Aber haben die Hungernden im Süden der Erde die Zeit, noch länger zu warten? Oder bedeutet dies in Wahrheit das Ende, den Untergang der Dritten Welt? ◀

1952 – Gespräch mit Nehru

■ »Ich bin nicht für Neutralität«, erwidert mir Nehru, und seine Worte klingen fast etwas ärgerlich, »Neutralität setzt Krieg voraus, nur im Krieg gibt es Neutrale, und Gott sei Dank haben wir zur Zeit keinen Krieg. Aber wir haben zwei große Blöcke, West und Ost, und das ist gefährlich. Denn die Auseinandersetzung zwischen ihnen kann leicht zu einem Krieg führen. Deshalb sollte es möglichst viele Staaten geben, die keinem der beiden Blöcke angehören, die unabhängig sind und damit eine Art Puffer zwischen den beiden bilden. Je mehr es von ihnen gibt, desto größer ist ihre Chance, etwas zu bewirken. Auch Arme und Schwache können eine Macht bilden, wenn es viele sind.«
Herbst 1952. Im Arbeitszimmer seines Hauses in Delhi

sitze ich dem indischen Ministerpräsidenten Jawaharlal Nehru gegenüber. Es ist meine erste Reise in Länder außerhalb Europas. Von London über Pakistan, Indien, Ceylon, Burma, Malaya, Singapur bis nach Hongkong.
Deutsche Journalisten sind damals noch selten in diesem Teil der Welt. Vielleicht ist das der Grund, warum Nehru sich Zeit nimmt, mit mir zu reden. Denn die »Frankfurter Allgemeine«, die ich als Korrespondent in London vertrete, ist damals noch jung und zumindest in Asien nicht sehr bekannt. Aber was in der Bundesrepublik geschieht, der Beginn des westdeutschen Wirtschaftswunders, fängt an, zumindest einige Politiker auch in so entfernten Teilen der Welt zu interessieren.
Nehru ist damals 62 Jahre alt. Der Staat, den er regiert, zählt etwa 360 Millionen Einwohner, ist jedoch bettelarm, erst seit fünf Jahren unabhängig und damit kaum älter als die Bundesrepublik. Und noch redet niemand von der »Dritten Welt«. In Südasien gibt es gerade eine Handvoll junger, unabhängiger Staaten. Ganz Afrika steht noch unter Kolonialherrschaft. Und in Lateinamerika bestimmen die »Yankees« über von ihnen ausgehaltene Diktatoren und Generale die Geschicke. Die »Farbigen« sind zwar keine Sklaven mehr; aber den meisten der Regierenden in Washington, Moskau, London und Paris gelten sie nach wie vor als Abhängige, als Weisungsempfänger, nicht selten sogar als Untergebene.
Der Mann, dessen Namen zehn Jahre später selbst bundesdeutsche Kinder bereits auf der Schule lernen, entwickelt jedoch schon damals eine Vision für sie: die Vision vom Aufbau einer Gruppe unabhängiger Staaten im Süden der Erde, die sich für die Erhaltung des Gleichgewichts und damit des Friedens zwischen den beiden Blöcken engagiert

und die Rivalität zwischen ihnen zugleich für die eigenen Zwecke nutzt.
Der indische Aristokrat, der Jahre seines Lebens wegen Widerstandes gegen die Kolonialherrschaft in britischen Gefängnissen verbracht hat, der besser englisch spricht als die meisten Engländer, dieser Mann ist dabei kein altruistischer Träumer. Sondern er ist ein leidenschaftlicher indischer Patriot und zugleich ein engagierter Parteigänger der Armen nicht nur in seinem eigenen Land, sondern in allen jungen Staaten und auch in den Ländern, die zur Zeit noch Kolonien sind und auf ihre Unabhängigkeit warten. Mit Hilfe dieser Länder will er nicht nur einen bewaffneten Konflikt zwischen Ost und West verhindern, sondern sie sollen von der Rivalität zwischen den Blöcken auch profitieren.
Indien braucht, wie er mir erklärt, wie alle jungen Staaten Straßen und Eisenbahnen, Kraftwerke und Maschinen, Schulen, Universitäten, Ärzte, Lehrer, Fachkräfte aller Art und natürlich vor allem Devisen und Kredite.
»Wenn wir die Reichen darum bitten, behandeln sie uns wie Bettler«, sagt er mit unverhohlenem Zorn, »und behaupten, sie könnten es sich nicht leisten, uns ein paar Millionen zu geben, obwohl sie das Hundertfache davon von uns gestohlen haben. Aber wenn wir den Regierungen im Westen mitteilen, daß wir uns dann eben an die Sowjetunion wenden werden, dann finden sie plötzlich Geld in ihren Taschen. Und in Moskau ist es genauso.«
Selbstverständlich wird Indien Geld oder Maschinen von Rußland annehmen, versichert er mir mit spöttischem Lächeln.
»Wenn die Maschinen brauchbar und die Zinsbedingungen angemessen sind, warum nicht? Wir nehmen sogar

lieber von beiden etwas, um uns nicht von einer Seite abhängig zu machen. Denn Arme können nur etwas erreichen, wenn sie sich nicht abhängig machen.«
Er sieht mich an.
»Vielleicht verstehen Sie das als Deutscher heute besser als andere Europäer. Wer abhängig ist, der hat keinerlei Einfluß, und der bleibt arm. Nur wer unabhängig ist und wer seine Unabhängigkeit für sich nutzt, der hat eine Chance, seine Armut zu überwinden.«
Ich verweise auf die hohen Kosten einer Industrialisierung der bisherigen Kolonien, die bislang ja vorwiegend Rohstofflieferanten sind, auf die fehlenden Kontakte zwischen den jungen Staaten, deren auswärtige Beziehungen bisher ausschließlich über die Kolonialmächte liefen, auf die fehlende militärische Macht. Aber Nehru bleibt optimistisch.
»Südasien, Lateinamerika und auch Afrika sind potentiell reiche Kontinente. Ihre Möglichkeiten sind bisher nur kaum entwickelt und überhaupt nicht genutzt worden. Wenn die Bewohner dieser Erdteile erst damit beginnen, haben sie gute Chancen, nicht nur ihre Armut zu überwinden, sondern auch maßgeblichen Einfluß auf die politische Entwicklung der ganzen Welt zu gewinnen.«
Er zögert einen Augenblick, als wolle er noch etwas sagen. Doch dann läßt er es und steht auf. Auf seinem Schreibtisch warte noch zuviel Arbeit, erklärt er mir mit entschuldigendem Lächeln. Aber die Müdigkeit, die während der vergangenen zwei Stunden immer wieder sein Gesicht überschattete, ist verflogen. Er wirkt plötzlich zehn, fünfzehn Jahre jünger. Und sein Lächeln erscheint fast siegessicher. ◀

1991 – Gespräch mit Egon Bahr

■ »Die Dritte Welt hat es heute besonders schwer, weil es zur Zeit keine Zweite Welt gibt, nachdem der Ostblock sich aufgelöst hat und die Sowjetunion als Großmacht derzeit kaum handlungsfähig ist«, sagt Egon Bahr. »Insofern hatte es Nehru vor vierzig Jahren wirklich leichter, weil er die Erste gegen die Zweite Welt ausspielen konnte – das geht heute nicht...«
Wir sitzen im Institut für Friedensforschung der Universität Hamburg, das Egon Bahr seit einigen Jahren leitet. Das Haus liegt vor den Toren der Hansestadt auf dem Falkenstein. Aus den Fenstern des Zimmers, in dem der Direktor residiert, hat man einen Blick über die Elbe. An einer Wand seines Arbeitszimmers sind zwei stilisierte Raketenmodelle befestigt.
»Kunst im Bau«, kommentiert der Hausherr leicht schmunzelnd, »besser jedenfalls so friedlich-freundlich im Zimmer als einsatzbereit draußen in der Wirklichkeit.«
Der politische Berater und engste Mitarbeiter Willy Brandts ist der Öffentlichkeit vornehmlich bekannt als einer der maßgeblichen Architekten der deutschen Ostpolitik – »Wandel durch Annäherung« – der sechziger, siebziger Jahre. Als ich ihn nach einigen Berliner Begegnungen das erste Mal 1975 in Bonn aufsuchte, war er dort Minister für wirtschaftliche Zusammenarbeit und damit verantwortlich für die Politik der Bundesrepublik gegenüber der Dritten Welt.
Sein Konzept beruhte damals auf der Vorstellung von »drei Säulen, die ein Haus tragen«, wie er es mir gegenüber formulierte. Die eine Säule war das Geld, das nicht oder

jedenfalls nicht nur aus Europa und den USA, sondern in erster Linie aus den bessergestellten Ländern der Dritten Welt wie zum Beispiel den Ölstaaten kommen sollte, »damit die Entwicklungsländer sich nicht nur helfen lassen, sondern selbst etwas tun, um sich zu helfen«. Das war ihm psychologisch wichtig, wie er mir damals erklärte.

Das »Know-how«, also vor allem die Technik, sollten wir, die Erste Welt, liefern – als zweite Säule für den Aufbau. Und die Empfängerstaaten, also die Masse der Länder der Dritten Welt, sollten nicht nur die Arbeitskräfte stellen, die dritte Säule, sondern, und auch das war ihm wichtig, mitbestimmen, was, wie und wo zuerst in Angriff genommen würde, »damit die nicht das Gefühl kriegen, nur Handlanger zu sein, sondern damit sie etwas zu sagen haben und somit auch an der Verantwortung beteiligt sind«.

Als er 1976 das Ministeramt niederlegte, um die Geschäftsführung der SPD zu übernehmen, verfolgten seine Nachfolger sein Konzept nicht weiter, sondern gingen anderen Vorstellungen nach – nicht immer erfolgreich. Der amerikanische Präsident George Bush hat es jedoch nach Ende des Golfkrieges wiederaufgegriffen, zumindest für den Nahen Osten, mit seinem Vorschlag, das Geld der reichen Ölstaaten für eine Verbesserung der katastrophalen wirtschaftlichen und sozialen Lage in den armen Ländern dort einzusetzen.

»Leider haben die Amerikaner die unglückliche Neigung, alles selber machen zu wollen, weil sie denken, sie wissen es am besten«, bemerkt der gelernte Journalist Egon Bahr skeptisch, »und das ist riskant, weil die Amis zwar ihr eigenes Land gut, aber die übrige Welt meist nur sehr ungenügend kennen.«

Für den Mann, der sich seit langem vorwiegend mit Fragen der Sicherheitspolitik beschäftigt, liegt eines der Hauptprobleme der Dritten Welt heute darin, daß die westlichen Industriestaaten nach dem Zusammenbruch des sowjetischen Kommunismus versucht sind, ihr unbestritten erfolgreiches System der freien Marktwirtschaft den Entwicklungsländern im Eiltempo überzustülpen, weil es nach dem Wegfall der Zweiten Welt, der Sowjetunion und ihrer Blockstaaten, ja an einem Korrektiv und an einer Alternative fehlt. Und was ein solches Vorgehen für Probleme schafft, das zeigen die Schwierigkeiten bei der Vereinigung der beiden Deutschland und bei der Einführung der freien Marktwirtschaft in Osteuropa.
Der heraufziehende Nord-Süd-Konflikt ist für ihn kein militärisches Problem. Das habe die kriegerische Auseinandersetzung im Nahen Osten bewiesen. »Die Amerikaner haben den Irak militärisch entweder ungeheuer überschätzt«, behauptet er, »oder sie haben sein militärisches Potential bewußt überzeichnet.«
Über mögliche Gründe dafür äußert er sich nicht. Aber auf absehbare Zeit hält er den Süden militärisch nicht für eine Gefahr, selbst wenn einige Staaten der Dritten Welt möglicherweise über Atomwaffen verfügen. Der bloße Besitz moderner Massenvernichtungsmittel reicht, wie der Golfkonflikt gezeigt hat, nicht aus. Der Besitzer muß große Mengen davon haben und muß vor allem damit so umgehen können, daß er die Weltmacht USA damit gefährden kann. Das aber kann derzeit keiner, und das wird in absehbarer Zeit auch niemand können.
Die Dritte Welt hat nach Bahrs Ansicht technisch keine Chance, militärisch oder wirtschaftlich mit dem Westen – oder richtiger heute: mit dem Norden – auch nur zu kon-

kurrieren. Sie hat, wie er es sieht, überhaupt nur eine »Waffe«: die Masse ihrer Menschen. Die allerdings ist gefährlich und um so gefährlicher, je ärmer und hoffnungsloser diese Menschen sind.

In einem Gespräch mit dem Flüchtlingskommissar der UNO hat er diesem kürzlich seine Sorge vor einem Hereinströmen von Millionen Flüchtlingen aus Osteuropa und der Sowjetunion nach Westeuropa gestanden, erzählt er mir. Dieser hat ihm jedoch nur kopfschüttelnd erwidert, er habe viel mehr Sorge vor Dutzenden von Millionen Flüchtlingen aus Asien und Afrika und vor Massen von Lateinamerikanern, die alle nach Norden ziehen, wenn das Elend und die Armut und der Hunger im Süden weiterwachsen. Denn das sei wirklich lebensgefährlich für den Norden.

Auf meine Frage, was der Norden denn nach seiner Ansicht dagegen tun könne, steht Bahr auf, geht zum Fenster und sieht eine Weile in den regnerischen Nachmittag hinaus. Dann dreht er sich zu mir um.

»Die Antwort scheint auf den ersten Blick ganz einfach: Wir müssen dafür sorgen, daß das Leben für die Menschen in der Dritten Welt erträglich und nicht nur erträglich, sondern lebenswert wird. Dann werden sie nämlich von sich aus freiwillig dort bleiben. Nur, wie das geschieht, das können nicht wir festlegen, sondern das können wir nur zusammen mit ihnen tun.«

Unsere Rezepte waren und sind erfolgreich für uns, für Europäer und Nordamerikaner. Aber die Länder der Dritten Welt sind anders, geographisch, klimatisch, was die Lebensbedingungen angeht. Und auch die Menschen sind anders. Sie denken anders. Sie reagieren anders. Sie haben andere Traditionen, andere Religionen.

Hier liegt für Bahr das eigentliche Problem. Technisch sind die heute bestehenden Schwierigkeiten nach seiner Ansicht überwindbar. Wir haben genug Lebensmittel, um alle Menschen zu ernähren, und wenn wir sie nicht haben, können wir sie produzieren. Wir können genug Konsumgüter erzeugen, um den Armen im Süden ein einigermaßen lebenswertes Dasein zu ermöglichen. Selbst die schwierige Frage der Verschuldung oder, anders ausgedrückt, der wachsenden Kluft zwischen arm und reich läßt sich vermutlich mit Hilfe von Fachleuten lösen. Nur, auf welche Weise man dabei vorgeht, ist das Problem.

»Man muß mit ihnen reden«, sagt er nachdenklich und setzt sich wieder zu mir an den kleinen runden Tisch, »aber nicht von oben runter wie Lehrer mit ihren Schülern, sondern wie mit – na, sagen wir mal, mit Kollegen. Wir dürfen denen nicht einfach sagen, wo ›es langgeht‹, weil wir das eben besser wissen, sondern wir müssen auch zuhören bei dem, was die sagen. Und das ist die Schwierigkeit. Denn wer bei uns kann noch zuhören?«

Wahrscheinlich liegt da tatsächlich das Hauptproblem. Im Zuhören. Gerade weil wir so erfolgreich sind. Weil wir erst gegen den Osten und nun auch noch den ersten Krieg gegen den Süden gewonnen haben. Und weil wir aufgrund unserer Erfolgsrezepte so wohlhabend geworden sind. Warum sollen wir da Leuten zuhören, die arm sind und hungern?

Ist das Rezept nicht ganz einfach? Brauchen die Völker der Dritten Welt nicht nur das nachzumachen, was wir ihnen vorgemacht haben? Ist im Grunde nicht sogar unverständlich, warum sie das nicht schon lange tun? Denn wenn sie es getan hätten, wären sie mit Sicherheit inzwischen auch wohlhabend und brauchten nicht mehr zu hungern. Oder?

Einige Länder der Dritten Welt bemühen sich, das zu tun, was wir ihnen raten, sich so zu verhalten, wie wir es ihnen vormachen. Wenn das nichts nützt, wenn sie trotzdem arm bleiben, wenn ihre Bewohner trotzdem weiter alle zu uns kommen wollen, weil wir reich sind und sie noch immer arm, dann kann das eigentlich nur an ihnen liegen, sagen wir. Dann machen sie vermutlich Fehler, geben sich nicht genug Mühe, sind faul. Denn bei uns funktionieren unsere Rezepte doch, wie die Ergebnisse zeigen.
Oder ist die Dritte Welt, sind ihre Menschen tatsächlich anders als wir? Haben sie andere Vorstellungen vom Leben, sind ihnen andere Gemeinschaften wichtig, glauben sie an andere Götter? Und wenn das der Fall sein sollte, haben sie dann in einer Welt, in der wir allein bestimmen, überhaupt eine Chance zu überleben? ◀

2 ■ DIE DREI KONTINENTE

Afrika

■ Die Straße ist 210 Kilometer lang. Sie führt von Nyala nach Salingei in der westsudanesischen Provinz Darfur. Nyala hat etwa 80 000 Einwohner, von denen die meisten in einstöckigen Lehmhäusern wohnen. Der Ort liegt etwa 1000 Kilometer von der sudanesischen Hauptstadt Khartum entfernt. Salingei ist knapp halb so groß. Ein paar Dutzend Kilometer westlich von Salingei beginnt die große afrikanische Wüste.
Die Straße wurde Anfang der achtziger Jahre von einer bundesdeutschen Firma gebaut, für 195 Millionen Mark. Die Hälfte davon, 93 Millionen, gab die bundesdeutsche »Kreditanstalt für Wiederaufbau« als Entwicklungshilfe. Die andere Hälfte stellte Saudi-Arabien dem Sudan als Kredit zur Verfügung.
Zwischen Salingei und Nyala liegt eines der fruchtbarsten Gebiete des Sudan. An den Hängen des bis zu 3000 Meter hohen Marah-Gebirges gibt es genügend Wasser. Hier wachsen Orangen, Zitronen, Kürbisse, Melonen, Mohrrü-

ben, Bohnen, Kartoffeln, Kaffee. Aus diesem Gebiet kann die Zweimillionenstadt Khartum mit Obst und Gemüse versorgt werden, man könnte sogar Obst und Gemüse von hier aus exportieren – das jedenfalls war das Argument für den Bau der Straße.
Inzwischen ist die Straße voller Schlaglöcher. Nachts ziehen Kamelkarawanen über den mürbe gewordenen Asphalt. Und das Obst wie das Gemüse von den Feldern im Schatten des Marah-Gebirges werden weiterhin für geringes Geld auf den Märkten der kleinen Städte und Dörfer der Provinz Darfur verkauft.
Denn vom Endpunkt der Straße in Nyala gibt es zwar eine Eisenbahn nach Khartum. Aber viele ihrer Schwellen sind verrottet; zahlreiche Brücken sind baufällig; viele der Signalanlagen funktionieren nicht mehr. Manchmal braucht ein Zug fast eine ganze Woche für die gut 1000 Kilometer. Dann sind Obst und Gemüse längst verfault, wenn sie die Hauptstadt erreichen.
Ursprünglich gab es einen Plan oder wenigstens Hoffnungen, nach Fertigstellung der Straße mit Hilfe westlicher Entwicklungshilfegelder die Eisenbahn zu sanieren. Dadurch hätte die Straße wirtschaftlich erst einen Sinn erhalten. Aber die Hoffnungen darauf haben sich nicht erfüllt. Und aus eigenen Mitteln kann das hochverschuldete Land die für eine Sanierung der Bahn erforderlichen Gelder nicht aufbringen.
So kommt der Zugverkehr immer mehr zum Erliegen. Und die neu erbaute Straße verfällt wieder. Daher gehen die Anbauflächen im Schatten des Marah-Gebirges immer weiter zurück. Denn das dort angebaute Obst und Gemüse verrottet, weil es dorthin, wo es gebraucht wird und somit zu guten Preisen verkauft werden könnte, nicht transpor-

tiert werden kann. Und der Sudan, der wegen seiner guten Böden und seines Wasserreichtums als potentieller »Brotkorb Afrikas« gilt, muß immer mehr Lebensmittel importieren, um die zunehmende Bevölkerung seiner Städte zu ernähren.

Hinter mannshohem Gras, Dornengestrüpp und einzelnen Bäumen tauchen ein halbes Dutzend Schornsteine auf, umgeben von Werkhallen unter in der Sonne gleißenden Aluminiumdächern. Eine mächtige Industrieanlage mit Straßen und Eisenbahngleisen, Baggern und Kränen und einem achtstöckigen Verwaltungsgebäude. Mitten im afrikanischen Busch, im Norden Nigerias.
Aber kein Rad dreht sich. An keiner Maschine bewegt sich ein Kolben. Aus keinem Schornstein steigt Rauch. Hier sollen fünf Millionen Tonnen Stahl im Jahr produziert werden – so sieht es der von östlichen und westlichen Experten gemeinsam ausgearbeitete Plan für die Anlage vor. Aber es fehlt an Erz. Es fehlt an Kohle. Und vor allem fehlt es an Transportmöglichkeiten – für die Kohle wie für den zu produzierenden Stahl.
Die gigantische Anlage hat bisher mindestens sechs, vielleicht aber auch acht oder zehn Milliarden Dollar gekostet. Als man mit dem Bau begann, schien das keine Rolle zu spielen. Denn Nigeria gehört zu den großen Ölproduzenten der Welt. Damals importierte das frühere Lebensmittelexportland sogar Weizen und Erdnußkerne aus den USA, weil es einfacher war, geröstete Erdnüsse aus der Tüte zu essen und weil Weizenbrot besser schmeckte als Hirse und Kassava. Und Geld hatte man ja.
Aber dann sank der Ölpreis. Die Devisen wurden knapp. Daher mußten die mit ausländischer Hilfe errichteten

Industrieanlagen eine nach der anderen ihre Arbeit einstellen, weil es an Ersatzteilen wie an Käufern für die hergestellten Waren fehlte. Und als der Präsident Nigerias die Einfuhr von Weizen verbot, weil man sich dies nicht länger leisten und weil das Land sich außerdem selbst ernähren konnte, wies der amerikanische Botschafter ihn darauf hin, daß seine Regierung dies als unfreundlichen Akt gegenüber den amerikanischen Farmern betrachte.

Zwar haben inzwischen einige Bauern angefangen, wieder mehr Mais, Maniok, Hirse und Yamwurzeln anzubauen, als sie für ihren Eigenbedarf brauchen, weil der Verkauf sich wieder lohnt. Aber im Frühjahr 1990 kommt es im Norden des potentiell reichsten schwarzafrikanischen Staates zu Hungerrevolten, bei denen über 200 Menschen ums Leben kommen. Und in Lagos folgt ein Putsch dem anderen.

Vor allem in der Viermillionenstadt Lagos wächst die Arbeitslosigkeit und damit die Unzufriedenheit. Auf dem erst in den achtziger Jahren eröffneten modernen Flughafen funktionieren weder die Klimaanlage noch die elektronischen Anzeigetafeln; selbst der Duty-Free-Shop ist geschlossen, weil es an Waren fehlt. Dafür bieten Schwarzhändler überall Dollars an. Die Zahl der Diebstähle und Raubüberfälle steigt sprunghaft. Und in einer Autoreparaturwerkstätte sagt ein Arbeiter zu einem Europäer, der dort einen Reifen wechseln läßt: »Mein Onkel hat mir geschrieben, in Europa werden Mechaniker gebraucht. Ich bin ein guter Mechaniker. Und ich bezahle dir Dollars, wenn du mir hilfst, nach Europa zu kommen. Denn hier in Afrika haben wir keine Chance.«

Die Glocke läutet. Die Menschen verlassen die Kirche. Der Gottesdienst ist zu Ende. Er ist gut besucht. Er ist immer gut besucht, sagt der Pfarrer. Er ist Afrikaner, Schwarzer. Auch die Besucher sind ausnahmslos Schwarze, obwohl in der Stadt auch ein paar Weiße leben. Aber sie kommen nicht zum Gottesdienst, schon gar nicht, wenn ein Schwarzer predigt.
Das hat nichts mit Rassenpolitik zu tun. Die kleine Stadt liegt nicht in Südafrika, sondern im Copperbelt, in Sambia, dem ehemaligen Nordrhodesien, das schon seit 1964 ein unabhängiger Staat ist. Aber die Weißen singen nicht so gern wie die Schwarzen, erklärt der Pfarrer ihr Fernbleiben, und sie gehen überhaupt nicht so oft zur Kirche wie die Schwarzen. Vielleicht glauben sie der Botschaft Gottes nicht mehr, obwohl es doch ihr Gott ist.
Auch unter den Schwarzen läßt die Gläubigkeit nach, stellt er fest. Die Diebstähle häufen sich. Immer mehr Männer verlassen ihre Frauen. Und wenn er den jungen Leuten erklärt, daß dies sündhaft sei, lachen sie ihn aus. Früher hatten die Schwarzen ihre eigenen Götter, und denen gehorchten sie. Aber dann zeigten ihnen die Weißen, daß die schwarzen Götter machtlos waren, und brachten ihnen den christlichen Gott. Doch dessen Gesetze scheinen für Europa gemacht zu sein, nicht für Afrika. Deshalb folgen immer mehr Schwarze ihnen nicht, zumal ja die Weißen selbst ihnen meist auch nicht gehorchen.
Mit Allah ist das anders, setzt der Pfarrer hinzu. Allahs Gesetze sind leicht zu verstehen. Wer stiehlt, dem soll die Hand abgeschlagen werden, und ein Mann darf so viele Frauen haben, wie er ernähren kann. Er hält das natürlich nicht für richtig. Aber verstehen kann er es. Vor allem aber halten die, die zu Allah beten, sich an dessen Gesetze.

Das Schlimmste ist, daß die Regierenden in Lusaka, die ja auch Afrikaner sind, sich nicht an die Gesetze Christi halten, obwohl sie sich Christen nennen. Sie stehlen und betrügen und lassen sogar Menschen umbringen, sagt der Pfarrer. Eigentlich sollte das bestraft werden. Aber sie haben die Macht. Und vor allem haben sie Freunde in Europa, die stecken ihnen Geld zu und geben ihnen Waffen, und dann verkaufen sie ihnen Autos und Flugzeuge und Fabriken, die das Volk bezahlen muß.
Früher wäre so etwas nicht passiert, behauptet der Pfarrer. Denn früher, bevor die Weißen kamen, da gehörten die Häuptlinge zu dem Volk, das sie regierten, und das Volk gehörte zu ihnen. Heute haben die Häuptlinge, die sich jetzt Minister nennen, zwar wieder eine schwarze Haut wie früher, und sie nennen sich christliche Afrikaner. Aber in Wahrheit sind sie Fremde. Manchmal denkt er, es sind Weiße in einer schwarzen Haut. Denn sie denken wie Europäer. Sie handeln wie Europäer. Und von dem, was sie tun, profitiert Europa, nicht Afrika.
Mit solchen Männern an der Spitze ist es schwer, dem Volk zu erklären, daß es an den Christengott glauben soll, sagt der Pfarrer. Und dann schließt er die Kirchentür hinter sich zu. Denn man muß vorsichtig sein. Neuerdings wird sogar aus Kirchen gestohlen.

Die Straße im Sudan, das Stahlwerk in Nigeria, der schwarze Pfarrer in Sambia sind drei Beispiele aus Hunderten. Als ich Ende der fünfziger Jahre zum ersten Mal Afrika besuchte, waren die Menschen dort voller Hoffnung, voller Optimismus. Manche waren aufgeregt wie Kinder vor der Weihnachtsbescherung im Hinblick auf die ersehnte Unabhängigkeit.

Kwame Nkrumah, der Staatschef von Ghana, das als erste britische Kolonie in Afrika unabhängig wurde, prophezeite mir damals bei einem Gespräch im Rahmen der von ihm arrangierten »Panafrikanischen Konferenz« in Ghanas Hauptstadt Accra:
»Wenn wir erst alle frei sind, wird Afrika der wohlhabendste Kontinent der Erde werden. Wir haben Gold, Silber, Kupfer, Diamanten, Holz, fruchtbare Erde und arbeitsame Menschen. Bisher haben die Europäer uns all unsere Reichtümer abgenommen. Nach der Unabhängigkeit wird der Reichtum in unsere Taschen fließen, und die Afrikaner werden wohlhabend und glücklich werden.«
Noch zwanzig Jahre später war man, trotz vieler Enttäuschungen und Rückschläge, in Afrika hoffnungsvoll. Öl, Gold und Kupfer, aber auch Kaffee, Kakao, Baumwolle brachten harte Dollars ein. Es hatte zwar Bürgerkriege und Stammeskämpfe gegeben, in Nigeria, Uganda, Somalia, dem Tschad, dem Sudan. Aber entgegen vielen Befürchtungen hatten die von den Kolonialmächten willkürlich gezogenen Grenzen gehalten. Der Rat der weisen alten Männer Afrikas, die schlechten Grenzen nicht zu verändern, weil sonst ein Chaos entstehen würde, war beherzigt worden. Die von vielen befürchteten großen Kriege zwischen benachbarten Staaten waren ausgeblieben. Nkrumahs Traum war zwar ein Traum geblieben, aber man hatte ihn noch nicht aufgegeben.
Heute ist Afrika, so scheint es jedenfalls, am Ende. Die achtziger Jahre waren für Afrika ein verlorenes Jahrzehnt, hat Willy Brandt resigniert festgestellt. Und die Weltbank warnt: Wenn die Industriestaaten ihre Finanzhilfe nicht verdoppeln, stürzt Afrika in den neunziger Jahren unaufhaltsam in eine Katastrophe.

Die landwirtschaftliche Produktion wächst langsamer als die Bevölkerung. Und die Preise der Rohstoffe, von denen der Schwarze Kontinent noch immer in erster Linie lebt, sinken seit Jahren. Afrikas Anteil am Welthandel ist um die Hälfte zurückgegangen. Gleichzeitig ist die Auslandsverschuldung auf das Zwanzigfache gestiegen. Nicht nur die armen, sondern auch die meisten potentiell reichen Staaten des Kontinents sind wirtschaftlich am Ende.

In Benin, dem früheren Dahome, sind sämtliche bisher staatlichen Industriebetriebe praktisch pleite. Die meisten Banken befinden sich in Vergleichsverfahren. Und selbst garantierte Schecks der staatseigenen Beninschen Handelsbank, mit denen die Regierung ihre Angestellten bezahlt, werden von niemandem mehr eingelöst.

In Angola hat Bier die Rolle der Währung übernommen, nachdem das Geld praktisch wertlos geworden ist. Für zwei Kästen Bier kann man ein Flugticket nach Lissabon kaufen. In den meisten Vierteln der Hauptstadt Luanda fließt seit Monaten kein Wasser mehr aus den Wasserhähnen, weil die Wasserleitungen geborsten oder von den Aufständischen gesprengt worden sind. Private Händler holen in Tankwagen Wasser aus dem Bengofluß und verkaufen es als »Trinkwasser« in den Straßen.

Gabun, das durch den Ölexport nach Frankreich so reich geworden war, daß man in den Salonwagen der Trans-Gabun-Eisenbahn den besten französischen Champagner servierte, kann die Zinsen seiner Auslandsschulden nicht mehr bezahlen. Streiks legten im Frühjahr 1990 den gesamten Verkehr sowie die Post und die Telefonverbindungen lahm. Und selbst Polizei und Militär schlossen sich dem Ausstand an, weil Soldaten und Polizisten für ihre Gehälter nichts mehr zu kaufen bekamen.

Ursache der sich häufenden Ausstände, Unruhen und blutigen Zusammenstöße in immer mehr afrikanischen Staaten sind nicht, wie man in Deutschland vielfach vermutet, mangelnde Bereitschaft der Bewohner, den Gürtel enger zu schnallen, härter zu arbeiten und bescheidener zu leben. Ursache sind, ganz konkret, Hunger, fehlende Wohnungen und Mangel an Medikamenten.
Vor allem die Kinder leiden darunter. Das UNO-Kinderhilfswerk UNICEF schätzt die Zahl der Gräber für die im abgelaufenen Jahrzehnt in Afrika verstorbenen Kinder auf 58 Millionen. Angesichts dieser Zahl fragt der Exekutivsekretär der UNO-Wirtschaftskommission für Afrika, Adebayo Addedji, bitter: »Müssen wir Afrikaner unsere Kinder verhungern lassen, bis wir unsere Schulden zurückgezahlt haben?«
In einer Podiumsdiskussion über die wirtschaftlichen Schwierigkeiten Afrikas erklärt im Herbst 1989 ein Hamburger Unternehmer: »Ich weiß, es ist unmodern, aber wir müssen heute feststellen, daß wir Afrika einfach zu früh aus der Kolonialherrschaft entlassen haben. Solange die Weißen dort regierten, ging es den Schwarzen fast überall gut, auf jeden Fall besser als heute. Sie sind politisch, wirtschaftlich und technisch einfach noch nicht soweit, daß sie ihre Länder selbst verwalten können.«
So offen ausgesprochen hört man das heute selten. Aber viele Europäer denken so. Nicht nur in Deutschland. Auch in England, Frankreich, Portugal oder der Schweiz. Und angesichts der zunehmenden wirtschaftlichen Schwierigkeiten wird dies auch immer häufiger ausgesprochen. So erklärte der ehemalige französische Minister Jacques Soustelle, Mitglied der Académie Française, in einem Interview mit der amerikanischen Zeitschrift »Newsweek« am

30. April 1990: »Die Beendigung der Kolonialherrschaft hat sich in Afrika generell negativ ausgewirkt. Die afrikanische Gesellschaft ... ist noch nicht genügend entwickelt, um Demokratien im westlichen Stil zu erlauben.«
Zum Beweis dafür führte er unter anderem an, daß eine Reihe afrikanischer Staats- und Regierungschefs privat für sich Millionen beiseite geschafft hätte, während ihre Völker im Elend lebten.
In der Debatte über die Ursachen der katastrophalen Lage Afrikas spielt dieser Vorwurf eine große Rolle. So macht die Zeitschrift »Wirtschaftswoche« am 2. März 1990 in einem Bericht über dieses Thema unter der Überschrift »Faule Ausrede« in erster Linie »die einheimischen Politiker« für Afrikas Elend verantwortlich. Und die »Neue Züricher Zeitung« stellt ihren Bericht über das gleiche Thema am 7. Januar 1990 sogar unter die Schlagzeile: »Systematische Korruption und Selbstbedienung«.
Nun sind die Beispiele für derartige Behauptungen in der Tat erschreckend.
So wird das in der Schweiz angelegte Privatvermögen des Präsidenten von Zaire, Mobutu, von Finanzexperten auf weit über eine Milliarde Schweizer Franken geschätzt.
Der liberianische Präsident Samuel K. Doe pflegte für seine Auslandsreisen eine DC 10 anzumieten und bei solchen Flügen auch einige Tonnen Reis mitzunehmen, die die USA seinem Lande geschenkt hatten, um den Reis dann im Ausland privat für sich zu verkaufen.
Die westafrikanische Fluggesellschaft Air Afrique geriet in finanzielle Nöte, weil mehrere afrikanische Regierungen angebliche Dienstreisen ihrer Minister, die mit vielen Angehörigen und großem Gefolge reisten, nicht bezahlten. Als die Fluggesellschaft sich weigerte, für solche Mini-

ster weitere Flugtickets auszustellen, wurde sie von der jeweiligen Regierung einfach dazu angewiesen.
Der Leiter eines Staatsbetriebes in Kenia hielt sich für seinen Privatbedarf neun Autos und belastete die Firma mit Benzinkostenrechnungen in Höhe von rund 20 000 Mark in einem Dreivierteljahr. Und wer in Kenias Hauptstadt Nairobi ein Geschäft eröffnen will, muß dem dafür erforderlichen Lizenzantrag zunächst einmal mindestens 10 000 Shillings (knapp 1000 Mark) als »Bearbeitungsgebühr« für den Sachbearbeiter beilegen, damit dieser den Antrag überhaupt registriert.
Daß Korruption und Inkompetenz den Finanzen zahlreicher afrikanischer Staaten Schaden zugefügt und sich auch wirtschaftlich negativ ausgewirkt haben, ist unbestreitbar und auch unbestritten. Bauruinen nicht fertiggestellter Fabriken, Hotels und Wohnblocks sind genauso Zeugnisse dafür wie die hohen Zinsforderungen ausländischer Gläubiger, die ihre illegalen Bestechungsgelder natürlich außerdem auf ihre Rechnungen aufgeschlagen und den Empfänger, also den jeweiligen afrikanischen Staat, damit belastet haben.
Aber Korruption und Inkompetenz der Politiker sind nicht die Ursache der miserablen Lage Afrikas, zumindest nicht die einzige und schon gar nicht die entscheidende. Einmal gibt es Korruption nicht nur in Afrika, sondern auch anderswo – selbst in Frankreich oder der Bundesrepublik. Hier wird darüber nur nicht soviel geredet. So werden Vorfälle wie die Steuerhinterziehungen bei Parteispenden in der Bundesrepublik oder wie die Diamantenaffäre des ehemaligen französischen Staatspräsidenten nach kurzer Zeit großzügig unter den Teppich gekehrt – Giscard d'Estaing wie Graf Lambsdorff sind als Politiker nach

wie vor tätig – mit der Begründung, solche Vorfälle könnten der deutschen oder französischen Wirtschaft keinen ernsthaften Schaden zufügen. Aber das gleiche gilt im Prinzip auch für die afrikanischen Länder, auch wenn diese wesentlich schwächer und daher für solche Vorfälle anfälliger sind. Korruption allein kann sie nicht zerstören. Das gilt selbst für Milliardenbeträge, wie Präsident Mobutu sie für sich abgezweigt hat. Daran geht Zaire nicht pleite.

Die desolate Situation Afrikas hat andere Gründe. Und die liegen im System. Afrika war bis zum Eintreffen der Weißen nach Stämmen organisiert. Man soll darüber nicht die Nase rümpfen, wie viele Europäer das heute tun. Denn ähnliches galt für Europa vor tausend oder zweitausend Jahren ja auch. Und im Europa von heute spielen Stammesinteressen ja ebenfalls noch immer eine Rolle. Wir nennen sie nur anders. Aber die Autonomiebestrebungen der Bretonen in Nordfrankreich, die Bombenattentate der Basken wie der Bürgerkrieg in Nordirland sind im Grunde ja doch kaum etwas anderes.

Der Unterschied liegt in der Entwicklung der beiden Kontinente in der sogenannten Neuzeit. Aus den Stämmen Europas entwickelten sich Völker, Staaten, Nationen entsprechend ihren eigenen Vorstellungen, Machtverhältnissen und Kräften. Und die Bewohner Europas entwickelten ihre Wirtschaft weitgehend entsprechend ihren eigenen Bedürfnissen und Wünschen. Sie produzierten und kauften das, was sie für sich brauchten. Und sie verkauften, womit sie für sich Geld verdienen konnten.

Die Bewohner Afrikas dagegen wurden von Fremden, nämlich von Europäern, politisch wie wirtschaftlich in eine Richtung gezwungen, die nicht ihren Bedürfnissen, Wünschen und Vorstellungen entsprach, sondern den

Interessen der weißen Eroberer. Stämme und Völker wurden, je nachdem, wer ihr Land unterwarf, auseinandergerissen oder zusammengezwungen. Kulturelle Traditionen wie gesellschaftliche Strukturen wurden, notfalls gewaltsam, zerstört. Fremde, den Einheimischen völlig unverständliche Religionen, politische Vorstellungen und Gesellschaftssysteme wurden ihnen aufoktroyiert.

Auf wirtschaftlichem Gebiet hat sich diese Fremdbestimmung besonders verhängnisvoll ausgewirkt. In den meist künstlich zusammengeknüppelten Gebieten wurde die Wirtschaft ausschließlich so entwickelt, wie es den Interessen der sogenannten europäischen »Mutterländer« entsprach. Nicht ausreichende Ernährung und möglichst rasch steigender Wohlstand für die einheimischen Bewohner waren das Ziel, sondern die Produktion von Rohstoffen für die Industrien der kolonialen Besatzungsmächte.

Gleichzeitig wurden die Bewohner Afrikas dazu erzogen und notfalls gezwungen, von dem Lohn für ihre Arbeit – wenn sie denn welchen erhielten – die Waren zu kaufen, die Europa produzierte, aber daheim nicht absetzen konnte. Zunächst Glasperlen und Schnaps, dann Textilien und primitives Handwerksgerät, schließlich Autos, Maschinen, Lebensmittel, die sie selbst hätten produzieren können, und Waffen. Man nannte das in Europa Marktwirtschaft.

Hier liegen die Wurzeln der heutigen Verarmung Afrikas. Und hier liegen auch die Gründe, warum drei Jahrzehnte sogenannter politischer Unabhängigkeit und sogenannter westlicher und östlicher Entwicklungshilfe Afrika bis heute nicht geholfen haben. Afrika ist abhängig geblieben. Ja, seine Abhängigkeit hat sich sogar verstärkt. Denn die politischen, gesellschaftlichen und wirtschaftlichen Struk-

turen der jungen Staaten des Kontinents entsprechen fast ausschließlich europäischen Interessen und Wertvorstellungen, nicht aber den Bedürfnissen und Wünschen der einheimischen Bevölkerung.
Die Politik wie die vielkritisierte Korruption der sogenannten »neuen Eliten« des Kontinents, also der Politiker, die heute an der Spitze der afrikanischen Staaten stehen und angeblich ihre Politik und ihre wirtschaftliche Entwicklung bestimmen, bestätigen das nur. Denn die derzeitigen Machthaber sind ja, von wenigen Ausnahmen abgesehen, nicht in einer afrikanisch, sondern in einer europäisch geprägten Umwelt aufgewachsen. Deren Wertbegriffe haben daher auch sie geprägt. Das gilt für Ghanas Kwame Nkrumah wie für Kenias Jomo Kenyatta, für Sambias Kenneth Kaunda, Tunesiens Habib Bourguiba und Félix Houphouët-Boigny von der Elfenbeinküste. Ihnen wie dementsprechend ihren Nachfolgern waren daher europäische »Bedürfnisse« in Form schneller Autos, Flugzeuge, Klimaanlagen, moderner Maschinen und Fabriken durch geschickte politische und wirtschaftliche Lobbyisten leicht »nahezubringen«.
Wo das Geld der neuen Machthaber für deren Anschaffung nicht reichte, halfen West und Ost bereitwillig aus. Zuerst mit Geschenken. So, wie Drogenhändler Neulinge anfangs ganz billig oder sogar umsonst mit »Stoff« versorgen, bis die derart »Beschenkten« sich an ihn gewöhnt haben und die Gewohnheit sie süchtig gemacht hat. Wer eine Weile im Cadillac gefahren ist, der ist kaum noch bereit, sich wieder auf dem Fahrrad fortzubewegen. Eher nimmt er schon einen Kredit für den Kauf eines neuen Cadillac auf, ohne sich groß Gedanken darüber zu machen, wie er diesen zurückzahlen kann.

Das Bankgebäude liegt im Herzen der Stadt. Es ist ein modernes, achtstöckiges Bürohaus, wie man es in jeder Großstadt Europas, Amerikas oder Asiens findet, mit einer farbenprächtigen Leuchtreklame auf dem Dach und einer Klimaanlage in allen Zimmern zum Schutz gegen die afrikanische Hitze. Im dritten Stock des Hauses hat eine Handelsfirma ihr Büro. Ihr Besitzer, von seinen Freunden »Fredy« genannt, ist 34 Jahre alt, trägt maßgeschneiderte Hemden und fährt ein leuchtendrotes Sportkabriolett, das über 30 000 Dollar gekostet hat.

Seine Firma importiert Computer. Aus Japan. Die japanische Herstellerfirma hat ihm das Büro eingerichtet und auch das Geld für das Auto vorgestreckt. Denn Fredy hat einen Onkel, der ist Staatssekretär im Wirtschaftsministerium. Der Onkel versteht zwar nicht viel von Wirtschaft. Er war Berufssoldat. Zuletzt war er Oberst. Aber er hat gute Beziehungen zum Präsidenten. Und er hat angeordnet, daß in den Ministerien Computer eingesetzt werden sollen, wie man sie heute in Europa und Amerika benutzt. Davon profitiert Fredys Firma.

In ein paar Wochen will Fredy nach Tokio fliegen. Vielleicht kann er dort mit der Firma ins Geschäft kommen, die sein Auto hergestellt hat. Es gibt zwar schon sehr viele Autos, besonders in der Hauptstadt, wo vor allem am späten Nachmittag die Straßen oft arg verstopft sind und man kaum noch einen Parkplatz findet. Aber wenn sein Onkel sich zum Beispiel einen solchen Wagen anschaffen würde und vielleicht noch ein oder zwei Kollegen dazu überreden könnte – gegen ein kleines Geschenk von der japanischen Firma natürlich –, dann ließe sich da vielleicht ein gutes Geschäft einfädeln.

Die elegante weiße Frau verläßt das Hotel. Auf dem Bürgersteig vor der Tür bleibt sie einen Augenblick stehen, um den Autoschlüssel aus ihrer Handtasche zu holen. Ein etwa sechsjähriges schwarzes Mädchen zupft sie schüchtern am Kleid. Es ist barfuß und auf einem Auge blind. Ihre Mutter sei krank, ihr kleiner Bruder und sie hätten seit zwei Tagen nichts gegessen, jammert sie mit dünner Stimme.
Die Frau unterbricht irritiert ihre Schlüsselsuche, sieht flüchtig auf das Kind und schüttelt dann den Kopf. Der Hotelportier, der gerade einem Fahrgast aus einem Taxi geholfen hat, verscheucht das Mädchen mit einer drohenden Geste. Es gibt zu viele Bettelkinder, entschuldigt er sich bei der Frau. Wenn er eines fortscheucht, schleicht sich sofort das nächste an, und es werden immer mehr.
Die Frau, die ihren Autoschlüssel gefunden hat, schließt ihre Handtasche und nickt. Immer mehr Menschen kommen aus den Dörfern in die Stadt, dazu noch die Flüchtlinge aus dem Nachbarland. Und alle wollen essen.
Am Rand der Straße, die zum Meer führt, ist eine neue wilde Siedlung entstanden. Hunderte von Bretterbuden und Zelten aus Stoffetzen. Fast tausend Menschen sollen da schon hausen, hat ihr Mann ihr erzählt, der einen großen deutschen Elektrokonzern vertritt, und immer wieder sterben da welche. Vor ein paar Tagen haben sie ein totes Kind einfach auf die Brücke gelegt, auf den Bürgersteig.
Früher hat sie bettelnden Kindern fast immer etwas gegeben, weil sie ihr leid taten. Aber vor ein paar Tagen hat ein Junge, er war vielleicht neun oder zehn Jahre alt, versucht, ihr die Handtasche wegzureißen, als sie nach einer Münze suchte. Seitdem gibt sie nichts mehr.
Der Portier nickt. Auch ihm tun die Kinder leid. Manche

bestehen wirklich nur noch aus Haut und Knochen. Und er würde ihnen gern etwas geben, wenigstens ein Stück Brot von dem, was übrigbleibt im Hotelrestaurant. Aber der Direktor hat es ihm verboten. Denn wenn das bekannt wird, lungern hier ständig Bettelkinder herum, sagt er, und das kann man den Gästen nicht zumuten. Damit hat er sicherlich recht. Nur – wie soll das weitergehen, wenn es immer mehr werden, die hungern?

Die Frau ist inzwischen weitergegangen zum Parkplatz. Vorsichtig steuert sie ihren Wagen zwischen den vielen dort eng nebeneinandergeparkten Autos hindurch. Seit ein paar Tagen fährt sie einen anderen Weg nach Hause. Sie meidet die Straße, die an dem neuen Elendsviertel vorbeiführt. Denn sie hat das tote Kind auf der Brücke dort selber gesehen, ganz aus der Nähe. Ein Mann, der vor ihr fuhr, hatte angehalten und war ausgestiegen, weil er dachte, das Kind schliefe. Und da war sie ebenfalls ausgestiegen.

So etwas will sie nicht noch einmal erleben. Man müßte die Polizei holen, damit die da Ordnung schafft. Am besten sollten die Polizisten die ganze wilde Siedlung abreißen. Schließlich liegt sie direkt an der Straße zu einem der besten Wohnviertel der Stadt. Sie hat schon mit ihrem Mann darüber gesprochen. Aber der hat gesagt, da läßt sich nichts ändern. Hier geht sowieso alles zugrunde, sagt er, deshalb will er sich auch im nächsten Jahr versetzen lassen. Am liebsten ginge er nach Osteuropa. Da gibt es jetzt mit Sicherheit große Chancen.

Nairobi, Abidjan, Casablanca, Kairo, Duala – überall in Afrika stößt man auf das gleiche Bild. Verschwendung und Hunger, fast kindliche Gläubigkeit und Korruption unmittelbar Wand an Wand. Und die davon profitieren, sind in erster Linie die Weißen. Sie regieren zwar nicht mehr. Und die weißen Beamten wie die weißen Soldaten sind auch aus den meisten Ländern verschwunden. Aber an ihrer Stelle agieren weiße »Experten« und weiße Firmenvertreter. Und vor allem: Das weiße Vorbild gilt noch immer.

Nach Ende des Zweiten Weltkrieges, nachdem die Forderung nach Beendigung der Kolonialherrschaft schließlich auch Afrika erreicht hatte, da schien es, als würden die Afrikaner nun zu sich selber finden. Parolen wie »Afrika den Afrikanern« und »Black is beautiful« tauchten auf. Und mit der Begeisterung über die neue Freiheit erfaßten auch Stolz und Selbstvertrauen die Menschen hier.

Aber sie hielten sich nicht. Denn die schwarzen Männer, die nun überall die Macht übernahmen, hatten nichts, an das sie anknüpfen, das sie fortsetzen, auf das sie ihr Selbstvertrauen stützen konnten. Jahrzehnte-, stellenweise jahrhundertelang hatte man ihnen eingetrichtert, daß ihre Götter machtlos, ihre Medizin wirkungslos, ihre technischen Kenntnisse gleich null, ihre Wirtschaft daher leistungsunfähig und vor allem ihre gesellschaftlichen Lebensformen in einer modernen Welt völlig unbrauchbar seien. Jahrzehnte-, jahrhundertelang war ihnen, notfalls mit Gewalt, eingehämmert worden, daß nur, was die Weißen taten, produzierten und planten, vernünftig, richtig und erfolgreich sei.

Nun sollten sie plötzlich selbst und allein entscheiden, was in ihren Ländern zu geschehen habe, wie sie sich ernähren, was sie produzieren, wie sie ihren Staat finanzieren und mit ihren Nachbarn auskommen und, vor allem, nach welchen Grundsätzen ihre Völker eine moderne Gesellschaftsordnung organisieren sollten. Da sie dies seit Jahrzehnten oder sogar seit Jahrhunderten nicht mehr getan hatten, handelten die meisten automatisch so, wie sie es gelernt hatten: Sie folgten weiter dem Vorbild der Weißen. Und da liegt, wie ich meine, die entscheidende Ursache der heutigen Schwierigkeiten Afrikas.

Anfangs half ihnen noch der Ost-West-Konflikt. Wo eigenes Geld und eigene Fähigkeiten nicht ausreichten und daher wirtschaftliche Schwierigkeiten auftraten, halfen Washington oder Moskau, London, Paris, Bonn, Prag oder Ost-Berlin mit Lebensmitteln, Maschinen, Krediten. Es war ja einfach. Wenn der eine nicht helfen wollte, ging man zu seinem Gegner. Oder man drohte auch nur damit, zu ihm zu gehen. Meist reichte das schon.

Als die Amerikaner den Nilstaudamm nicht bauen wollten, wandten sich die Ägypter an die Russen, und die bauten ihn. Als Washington den Bau einer Eisenbahn in Tansania ablehnte, sprangen bereitwillig die Chinesen ein, und die Amerikaner bauten sogar freiwillig anstelle der Bahn dann eine Straße, um das Wohlwollen der Tansanier nicht ganz zu verlieren. Als in Äthiopien der Kaiser gestürzt wurde und junge Offiziere die Macht übernahmen, die aber bei den bisherigen westlichen Waffen- und Geldgebern auf Zurückhaltung stießen, wandten sie sich kurzerhand an den Osten und wurden auch prompt von dort unterstützt. Im Gegenzug wandten sich die mit Äthiopien verfeindeten und daher bisher vom Osten unterstützten benachbarten Somalis nun an den Westen und erhielten prompt von dort Waffen und Geld.

Aber mit der zunehmenden Entspannung zwischen Ost und West wurde dieses Spiel immer schwieriger. Die militärischen und politischen Stützpunkte von Ost und West verloren zunehmend an Bedeutung. Die bisherigen

»Schutzmächte« verloren immer mehr das Interesse an ihnen. Daher floß das Geld immer spärlicher. Und in den bislang großzügig von Ost und West finanzierten jungen afrikanischen Staaten wuchsen die finanziellen und wirtschaftlichen Schwierigkeiten.

Der Kollaps der kommunistischen Regimes in Osteuropa veränderte die Situation endgültig, die osteuropäischen Staaten fielen als Geldgeber aus. Und die in der Sowjetunion auftretenden wirtschaftlichen Nöte hatten zur Folge, daß auch Moskau das Geld ausging. Gleichzeitig hatte die Wende in Osteuropa auch für den Westen schwerwiegende Folgen. Vor allem Westeuropa fühlte sich herausgefordert, die sich dort bietenden politischen und wirtschaftlichen Chancen zu nutzen, und lenkte deshalb einen Teil der Mittel, die bisher nach Afrika flossen, nach Osteuropa.

Dem Osten fehlten die Mittel. Und der Westen verlor zunehmend das Interesse an Afrika. Daher sahen sich die regierenden Afrikaner plötzlich auf ihre eigenen Rezepte und Fähigkeiten angewiesen. Und diese waren völlig unterentwickelt. Denn bisher hatte man sich ja stets auf das Vorbild und die Ratschläge der weißen Besetzer verlassen. Deren Rezepte waren zwar für ganz andere Völker mit ganz anderen Traditionen und in einem ganz anderen politischen und wirtschaftlichen Entwicklungsstadium zugeschnitten und funktionierten daher nicht. Aber die hier einst regierenden Weißen hatten es so angeordnet, und die schwarzen Afrikaner kannten inzwischen nichts anderes mehr.

So erklärt es sich, daß heute nicht nur bisher sozialistisch regierte Länder wie Äthiopien, Mosambik oder Angola in Schwierigkeiten stecken, weil sich das System der staatlich gelenkten Wirtschaft als untauglich erwiesen hat, sondern auch Staaten, die schon lange dem in Europa so erfolgreichen kapitalistischen System folgen wie Kenia, der Senegal oder die Elfenbeinküste. Denn beide Modelle waren in Europa gewachsen und nicht für Afrika entwickelt worden. Dort fehlen heute wie vor dreißig Jahren einfach viele der Voraussetzungen dafür.

Hier liegen die entscheidenden Ursachen der heutigen katastrophalen Lage Afrikas. Fast alle Länder zwischen Kairo und dem Kap – Südafrika geht es nicht viel besser, aber aus anderen Gründen –, zwischen der Atlantikküste und dem Indischen Ozean sind in einen tödlichen Kreislauf geraten: Um ihre wachsende Bevölkerung zu ernähren, steigern sie, als ob sie den alten Weisungen der ehemaligen europäischen Kolonialmächte folgten, nicht etwa die eigene landwirtschaftliche Produktion, sondern forcieren Rohstoffexporte, um damit Devisen zu verdienen. Von dem Erlös bauen sie Fabriken. Deren Produkte können jedoch mangels technischer Erfahrung mit den Produkten der Industriestaaten nicht konkurrieren, nicht mal im eigenen Land, geschweige denn auf dem Weltmarkt. Daher kosten die meisten dieser Fabriken nur Geld, anstatt solches einzubringen.
Die Hoffnung, in der neuen Industrie gutbezahlte Arbeit zu finden, wie die gefüllten Schaufenster der Läden und die bunten Neonreklamen auf den Dächern der Häuser locken immer mehr Menschen aus den Dörfern in die Städte. Die Landflucht nimmt zu, die Dörfer veröden, die landwirtschaftlichen Anbauflächen gehen zurück. Gleichzeitig wachsen in den Städten die Slums. Und in zwanzig Jahren, so schätzt die Weltbank, wird es in Afrika mindestens

dreißig Städte mit mehr als einer Million Einwohner geben.

Die forcierte Rohstoffgewinnung wie die Industrialisierung zerstören zugleich die Umwelt. Riesige Talsperren für die Energiegewinnung wie in Assuan, Cabora Bassa und Kariba, Flußbegradigungen und die Trassierung von Autobahnen quer durch Regenwälder wie im Südsudan und in Zaire gefährden das ohnehin prekäre ökologische Gleichgewicht des Kontinents. Je mehr Wälder verschwinden, desto weniger Regen fällt. Zwar gehen die Überschwemmungen zurück; damit aber fehlt den Feldern der bisher alljährlich angeschwemmte fruchtbare Lehm, und die Ernteerträge sinken wie im Niltal Ägyptens. Die Folge ist: Noch mehr Bauern verlassen das Land, und die Wüste wächst weiter.

Die Lebensmittel-Hilfslieferungen der Industriestaaten lindern zwar die akute Not, verschärfen aber auf lange Sicht die Lage noch weiter. Mit den kostenlos gelieferten und entweder umsonst verteilten oder billig auf den Markt geworfenen Nahrungsmitteln können nämlich die einheimischen Bauern nicht konkurrieren. Gleichzeitig gewöhnen sich die Städter auf diese Weise an die fremden Produkte. Weizenmehl, Reis und Milchpulver verdrängen Hirse, Kasawa und Ziegenmilch. Darunter leiden nicht nur die einheimischen Bauern, die ihre Produkte nicht mehr loswerden und daher die Produktion einschränken, sondern gleichzeitig kostet es die ohnehin devisenarmen Staaten unnötig noch mehr Devisen. Und davon profitieren vor allem amerikanische Farmer und multinationale Nahrungsmittelkonzerne.

Afrikas Verschuldung aber wächst auf diese Weise immer weiter. Schon heute ist Schwarzafrika die prozentual höchstverschuldete Region der Welt. Ihre Auslandsverschuldung ist bereits genauso hoch wie das gesamte Bruttosozialprodukt des Kontinents. Allein die dafür zu zahlenden Zinsen verschlingen über die Hälfte sämtlicher Deviseneinnahmen. Es gibt sogar Länder wie etwa den Sudan, in denen sind die jährlich geschuldeten Zinsen höher als die gesamten Deviseneinnahmen im Jahr.

Die bessergestellten Bewohner der meisten schwarzafrikanischen Länder reagieren auf diese Situation zunächst mit einer Flucht in den Konsum. Da die Produktion von Nahrungsmitteln wie von Konsumgütern aufgrund der überlegenen ausländischen Konkurrenz kaum Chancen bietet, investieren sie nicht. Und da Geld auf Sparkonten aufgrund der ständigen Inflation seinen Wert verliert, legen die Menschen es in Konsumgütern an.
So erklärt es sich, daß selbst in armen Ländern wie Tansania oder Mauretanien, Burundi, Mali oder dem Tschad immer mehr Autos die Straßen der Hauptstädte verstopfen. In abgelegenen Dörfern im Norden Ghanas oder der Republik Niger findet man Mopeds, obwohl es kaum Straßen gibt, Kühlschränke, die häufig längst ihren Geist aufgaben, oder sogar Fernsehapparate, auch wenn hier Fernsehprogramme gar nicht zu empfangen sind. Und auch in kleinen Städten zeigen wohlhabende Kaufleute, Ingenieure, Beamte und Offiziere Fremden, die sie daheim besuchen, voller Stolz teure Stereoanlagen, Elektroherde, Videokameras oder Computer, auch wenn sie diese häufig kaum oder gar nicht bedienen können.
So wurden in Schwarzafrika Mitte der achtziger Jahre trotz zunehmender Verarmung mehr Autos eingeführt als in ganz China, Indien, Pakistan, Bangladesch und Indonesien

zusammen. Sogar die Weinimporte lagen dort um ein Vielfaches höher. Das Vorbild der ehemaligen Kolonialherren (und der hier noch heute tätigen über 80 000 europäischen Berater) beeinflußt die Afrikaner wesentlich stärker als die noch weitgehend in ihren eigenen kulturellen und gesellschaftlichen Traditionen verankerten Asiaten.

Die Folge davon sind sich laufend verschärfende Gegensätze zwischen Arm und Reich. Solche Gegensätze gab es in Afrika wie in anderen Kontinenten zwar immer. Aber bevor die Europäer kamen, wurden sie durch ein dichtes soziales Netz von Familien- und Stammesbindungen wenn schon nicht aufgefangen, so doch abgefedert. Und die Kolonialmächte bemühten sich, allzu krasse Mißverhältnisse im eigenen Interesse zu mildern – ein Bauer läßt sein Vieh ja auch nicht verhungern, da er mit ihm ja verdienen will. Außerdem waren die Reichen damals fast ausnahmslos Weiße, die Armen dagegen Schwarze. Dadurch wurden soziale zu Rassengegensätzen. Und wenn Armut wirklich einmal Unruhen auslöste, wurden diese als Widerstand gegen die Kolonialmacht gewaltsam unterdrückt.

Heute sind Reiche wie Arme farbige Afrikaner. Damit entfällt der Rassengegensatz (außer vorläufig noch in Südafrika). Und das wiederum verschärft den sozialen Gegensatz, weil die Betroffenen jetzt uneingeschränkt vergleichbar sind. Die zunehmende Verstädterung macht die Unterschiede außerdem sichtbarer wie auch stärker spürbar. In der Stadt können die Reichen ihren Reichtum deutlicher zur Schau stellen, und die Armut hebt sich stärker davon ab. Das reizt die Armen. Es provoziert Neid und daraus folgend Haß.

Die Folge dieser veränderten Situation sind zunächst wachsende soziale Spannungen, die Afrika bis zum Abzug der Kolonialmächte kaum kannte, und daraus erwachsend dann soziale Unruhen.

Bisher waren in erster Linie Stammesrivalitäten und persönliche Machtkämpfe die Auslöser der zahlreichen Putschversuche, Putsche und Bürgerkriege während der letzten Jahrzehnte in Afrika. Die meisten wurden übrigens von außerafrikanischen Mächten entweder inszeniert oder zumindest finanziell und militärisch unterstützt. Das gilt sowohl für den Kampf um die Kupferprovinz Katanga im ehemaligen Belgisch-Kongo und heutigen Zaire wie auch für den Biafrakrieg in Nigeria, für die Kämpfe in Angola und Mosambik wie auch für die blutigen Auseinandersetzungen im Tschad, im Sudan und sogar in Uganda. Ohne die Unterstützung von außen wären die Kämpfe meist nach einigen Wochen bereits aus Mangel an Waffen wieder erloschen.

Bei all diesen Kämpfen haben übrigens ideologische Überzeugungen oder Gegensätze nie eine wesentliche Rolle gespielt. Ich erwähne dies ausdrücklich, weil diese falsche Meinung gerade in Deutschland weit verbreitet ist. Die Afrikaner sind an Ideologien nicht interessiert – von einzelnen Ausnahmen abgesehen. Der Afrikaner denkt praktisch, konkret, nicht theoretisch. Ihn interessiert, was bei einer Aktion für ihn persönlich, für seine Familie oder Sippe herausspringt, und nicht, ob der Kapitalismus oder der Sozialismus für sein Land die bessere Gesellschaftsform ist.

Dies wurde durch die westliche und östliche Einmischung häufig verwischt und überdeckt. Libyen und Äthiopien sind nur zwei von vielen Beispielen dafür. Die beiden Kaiser Idris und Haile Selassie wurden von jungen Offizieren gestürzt, die keineswegs alle etwa an Marx glaubten, sondern die gegen die Ausbeutung der Bevölkerung und vor allem der Schicht, aus der sie selbst kamen, nämlich der Bauern und des Mittelstandes, durch die Monarchen und ihre Umgebung meuterten. Daß sie später, zumindest zeitweise, marxistische Grundsätze proklamierten, lag daran, daß der Westen, der mit beiden Kaisern liiert war, von deren Gegnern und ihren Anliegen nichts wissen wollte und daß daraufhin der Osten ihnen Hilfe versprach – natürlich unter der Fahne des Marxismus.

Daß Wechsel in umgekehrter Richtung aus den gleichen Motiven erfolgten, zeigen die Beispiele Somalias und des ehemaligen Belgisch-Kongo, des heutigen Zaire. Als der erste Regierungschef des Kongo, Patrice Lumumba, Kontakte zu den Sowjets suchte (vor allem, weil die Russen die Gegner der bisherigen Kolonialmacht Belgien waren und ihm Finanzhilfe versprachen), da suchte sein Rivale, General Mobutu, Kontakt zum Westen, erhielt auch prompt Hilfe von dort – gegen den Osten – und blieb bis heute im westlichen Sold. Und als nach dem Sturz von Kaiser Haile Selassie die neue äthiopische Regierung Kontakt mit Moskau suchte, weil ihr der Westen die kalte Schulter gezeigt hatte, da kaufte sich der Westen das Nachbarland Somalia, das vorher Parteigänger Moskaus war.

Selbst der vielzitierte Tribalismus, das Stammesdenken, spielt erstaunlicherweise bei afrikanischen Konflikten keineswegs immer die beherrschende Rolle, die ihm so oft nachgesagt wird. Zweifellos wurde Biafra vom Stamm der Ibo proklamiert, die damit gegen die politische Vorherrschaft der Haussa-Stämme in der nigerianischen Föderation rebellierten. Aber der anfängliche Erfolg der Separatisten wie ihr späteres langes Ausharren wurden nur durch westliche Hilfe ermöglicht, deren »Spender« damit in Zen-

tralafrika einen Stellvertreterkrieg gegen die damals die nigerianische Zentralregierung unterstützenden Sowjets führten und gleichzeitig auf die im Gebiet von Biafra gelegenen Ölquellen spekulierten.
Auch die angeblich aus Stammesrivalität wie aus ideologischen Gründen gegen die Regierungen in Angola und Mosambik kämpfenden Rebellen hätten ihre Kämpfe bereits vor Jahren einstellen müssen, wenn sie nicht von den USA – und in ihrem Auftrag von Südafrika – finanziert und bewaffnet worden wären. Als Antwort darauf unterstützten die Sowjets – und in ihrem Auftrag Kuba – die beiden bedrängten Regierungen. Drei Jahrzehnte lang war Afrika eines der Schlachtfelder, auf dem West und Ost ihre Stellvertreterkriege führten. Innerafrikanische Spannungen spielten dabei nur eine zweitrangige Rolle.
All das nimmt nun allmählich ein Ende. Das heißt allerdings nicht, daß in Afrika jetzt Frieden und damit Wohlstand einzögen. Sondern jetzt wird nur die eigentliche, bisher von ausländischen Interventionen, von Stammesfehden und persönlichen Machtkämpfen weitgehend verdeckte Ursache der Konflikte deutlich. Das ist die wachsende Kluft zwischen arm und reich.

Wer einst in Afrika in Not geriet, den fing die Großfamilie, die Sippe, notfalls auch der Stamm auf. Aber mit der zunehmenden Verstädterung verliert dieses soziale Netz immer mehr an Wirksamkeit. Städte entwurzeln. Der junge Mann, der auf der Suche nach Arbeit oder Abenteuern in die Stadt abwandert und dort scheitert, findet nur noch selten den Weg in die dörfliche Familie und Heimat zurück. Er schämt sich seiner Erfolglosigkeit. Er verachtet oft auch den von ihm nun als primitiv empfundenen dörfli-

chen Lebensstil. Und die durch den Verlust vieler in die Städte abgewanderter Jungen geschwächte Sippe ist auf der anderen Seite auch vielfach gar nicht mehr in der Lage, die in Not Geratenen aufzufangen.
Während das alte soziale Netz immer löchriger wird, fehlt es an den erforderlichen neuen sozialen Sicherungen für die Bevölkerung. Wenn Familie, Sippe und Stamm die sozial Schwachen nicht mehr auffangen können, müßte die Gesellschaft dies tun. Durch staatliche Alters-, Arbeitslosen- und Krankenversicherungen, wie in Europa. Aber dafür fehlen die Mittel. Und weil es ein solches vom Staat getragenes soziales Netz nicht gibt, greifen die Menschen zu dem seit Jahrhunderten probaten Mittel für die soziale Absicherung des einzelnen: Sie setzen Kinder in die Welt.
Einer der Hauptvorwürfe, die der reiche Norden gegenüber dem armen Süden und besonders gegenüber Afrika erhebt, ist der des ungezügelten Bevölkerungswachstums. So viele Menschen, wie heute in Afrika leben, kann der Kontinent nicht ernähren, sagen wir, die vielen Kinder sind die Ursache der Armut Afrikas.
Aber Kinder sind in Afrika heute die einzige Alterssicherung, die die Menschen dort haben.
»Was soll ich denn machen, wenn ich einmal nicht mehr arbeiten kann?« fragt mich ein Landarbeiter im Norden der Elfenbeinküste, als ich ihm entgegenhalte, sieben Kinder seien für eine so arme Familie wie die seine einfach zuviel. »Wer soll meine Frau und mich denn ernähren, wenn wir alt sind?«
Auf meinen Einwand, daß zwei Kinder doch auch genügten, erwidert er: »Wenn wir nur einen Sohn und eine Tochter haben, wie die Regierung das will, was machen wir, wenn der Sohn krank wird und stirbt?«

Das kapitalistische System funktioniert in wohlhabenden Ländern, in denen die Regierungen für den Aufbau eines sozialen Netzes für in Not Geratene sorgen. Die jungen afrikanischen Staaten sind fast ausnahmslos arm; zumindest sind sie nicht wohlhabend. Und ihre »neuen Eliten« haben entweder vom Osten das staatssozialistische System übernommen, das gerade in Europa bewiesen hat, daß es nicht funktioniert. Oder sie haben in primitiver Nachahmung des europäischen Kapitalismus eine Gesellschaftsordnung aufgebaut, die nur den Mächtigen und Starken eine Chance bietet, die Schwachen und Armen aber außer acht läßt. Die Folgen davon werden jetzt spürbar.

Hinzu kommt noch ein Faktor, der in Europa – abgesehen von Nordirland – eine immer geringere Rolle spielt: die Religion. Die weißen Kolonialherren hatten die angestammten schwarzen Götter entthront und das Christentum an ihre Stelle gesetzt. Dies galt, mit gewissen Einschränkungen, selbst für den moslemischen Norden. Wer unter den Engländern, Franzosen, Holländern, Belgiern, Portugiesen, Italienern und Deutschen etwas werden wollte, der ließ sich und seine Familie taufen und schickte seine Kinder zur Missionsschule, wo sie das lernten, was die weißen Herren verlangten.
Zwar blieb im Norden die Masse der Bevölkerung moslemisch, und auch in Schwarzafrika blieben, besonders auf dem Lande, vielerorts Gruppen von Menschen heimlich ihrem angestammten Glauben treu. Aber maßgeblich war das Christentum. Vor allem Holländer und Portugiesen, aber auch die anderen Europäer waren schließlich mit der Parole angetreten, die »Heiden« zum einzig wahren christlichen Glauben zu bekehren. Deshalb wurden die christli-

chen Missionare auch überall von den Kolonialmächten unterstützt. Und die Einheimischen, die sich zum Christentum bekannten, rechneten sich zumindest eine Chance aus, dafür in irgendeiner Form belohnt zu werden.

Mit dem Abzug der Kolonialherren änderte sich das. Denn damit verlor das Christentum hier seine weltliche Macht. Wer heute durch Afrika reist, der stößt fast überall auf neu erbaute Moscheen. So beherrscht im volkreichsten und wichtigsten schwarzafrikanischen Staat Nigeria die riesige grüne Kuppel der Moschee wie ein leuchtendes Symbol die neue Hauptstadt Abuja. Selbst in den Dörfern bisher vorwiegend christlicher Regionen, wie etwa im ehemaligen Biafra, schießen Moscheen wie Pilze aus dem Boden.

Das hat nicht nur religiöse Bedeutung. Die moslemischen Mullahs galten seit jeher auch politisch als Gegner der regierenden Christen. Als Farbige unterstützten sie fast überall die Freiheitsbestrebungen der schwarzen Afrikaner. Und den Materialismus der Kommunisten lehnten die Anhänger des Koran genauso ab wie das Konsumdenken der christlichen Kapitalisten. Nachdem die Kommunisten inzwischen auch in Afrika weitgehend geschlagen scheinen, sind ihre politischen Gegner dort hauptsächlich die weißen und die schwarzen christlichen Kapitalisten.

Die zunächst religiöse und dann politische Auseinandersetzung hat inzwischen zahlreiche blutige Unruhen und Bürgerkriege ausgelöst. Im Tschad wie im Sudan toben seit Jahren immer wieder aufflackernde Bürgerkriege. In Nigeria sind die islamischen Fundamentalisten auf dem Vormarsch. In Mauretanien, im Senegal und sogar in Tansania schwelt es unter der Decke. Auf breiter Front vom Atlantik bis zum Roten Meer drängt der Islam in Afrika nach Süden. Und seine Botschaft lautet: Allah hilft den Farbigen, den Schwachen, den nach wie vor Ausgebeuteten und Unterdrückten gegen die mächtigen Weißen, die Gott und seine Gebote vergessen haben und nur noch an das Geld glauben, weil sie es besitzen.

Ich halte die scheinbar rein religiös motivierte Auseinandersetzung zwischen Moslems und Christen wie das Vordringen des Islam lediglich für ein Symptom. Denn auch der Islam ist für die schwarzen Afrikaner ja eine Religion fremder Unterdrücker. Jahrhundertelang haben die Araber vor allem im Osten des Kontinents die dort lebenden Schwarzen überfallen, ausgeplündert, unterworfen und als Sklaven verschleppt. Sie waren daher dort genauso verhaßt und gefürchtet wie später die weißen Christen.

Wenn der Islam trotzdem heute in Afrika immer mehr Anhänger findet, so ist der Grund dafür einmal der noch immer nicht ganz überwundene Gegensatz zwischen den ehemaligen weißen Herren und den unterdrückten Farbigen. Die Araber sind schließlich auch Farbige wie die schwarzen Afrikaner. Wenn auch die letzten regierenden Weißen Afrikas am Kap ihre Fahne einholen, wird dieser Gegensatz vermutlich an Bedeutung verlieren. Daß er ganz verschwindet, erscheint angesichts des sich verschärfenden Gegensatzes zwischen dem weißen Norden und dem farbigen Süden der Welt allerdings unwahrscheinlich.

Entscheidende Ursache für das erfolgreiche Vordringen des Islam in Afrika ist meines Erachtens jedoch die soziale Komponente. Der Koran schreibt Moslems soziales Verhalten gegenüber den Armen und Hilfsbedürftigen vor. Die Bibel fordert das zwar auch, aber die Moslems, und zwar auch die reichen, richten sich nach seinen Geboten. Bei den kapitalistischen Christen ist das meist nur in einem sehr bescheidenen Maße der Fall. Zumindest die Armen

Afrikas haben dies bisher kaum erlebt, weder unter den weißen Kolonialherren noch unter ihren schwarzen Nachfolgern. Daher ist zumindest für viele Arme Afrikas der Islam heute glaubwürdiger als das Christentum.
Zwar haben christliche Organisationen bei akuten Notlagen immer wieder spontan Hilfe geleistet. Aber die sogenannte Entwicklungshilfe der zumindest für Afrikaner doch auch christlich geprägten europäischen Staaten war in Wahrheit fast immer ausschließlich vom Gewinnstreben der Geberländer bestimmt, ob es sich nun um Staudämme oder Kraftwerke, um Fabriken, Maschinen oder selbst die laut gepriesenen Lebensmittellieferungen aus den überfüllten Speichern der EG-Länder handelte. Davon profitiert haben immer die Reichen, weiße wie schwarze, aber nicht die Armen. Und auch die Hoffnung darauf, daß sich dies unter dem Koran ändern könnte, erhöht die Anziehungskraft des Islam.
Hunger und Armut, wachsende Schulden und sinkende Produktion, zunehmende religiöse Spannungen, politische Unruhen, Putsche und Bürgerkriege, das alles sind Symptome dafür, daß der Schwarze Kontinent kein eigenes Konzept für seine Entwicklung besitzt. Afrika ist seit langem immer nur Objekt, niemals Subjekt seiner Entwicklung gewesen. Was in Afrika geschah, wurde seit Jahrhunderten immer von Nicht-Afrikanern bestimmt, die dabei ausschließlich stets nur ihren eigenen Vorteil im Auge hatten, ob dies nun arabische Sklavenhändler oder europäische Goldsucher waren oder heute multinationale Konzerne sind, die ausgediente Maschinen, Konsumgüter und anderweitig nicht absetzbare Lebensmittel gegen Öl und Gold und Uran und Kaffee verhökern.
Afrika ist dabei immer ärmer geworden. Und es wird auch

weiterhin immer ärmer werden, solange es sich nicht von den fremden Vorbildern löst und nach einem eigenen Weg sucht, der in erster Linie die Bedürfnisse seiner Bewohner im Auge hat. Solange die Afrikaner das nicht tun, werden sie hoffnungslos immer weiter ins Verderben marschieren wie Lemminge, die von Fremden ausgehaltenen, schlechten Führern folgen. ◀

Lateinamerika

■ Die Hütte klebt an einem Felsen. Sie ist aus Kistendekkeln und Wellblechstücken zusammengezimmert. Sie ist knapp vier Meter breit und sechs Meter lang. Sieben Personen wohnen darin: Franzisko mit seiner Frau und fünf Kindern.

Franzisko kommt aus einem Dorf im Norden des Landes. Sein Vater war dort Tagelöhner bei Don Alfonso. Don Alfonso besitzt mehrere Zuckerrohrplantagen. Bei ihm schnitt Franziskos Vater zusammen mit anderen Dorfbewohnern zur Erntezeit das Zuckerrohr. Für einen Tageslohn von umgerechnet zwei Mark. Davon lebten sie.

Aber dann schaffte Don Alfonso eine Maschine für das Schneiden des Zuckerrohrs an. Die machte die Arbeiter überflüssig. Da es andere Arbeit im Dorf nicht gab, ging Franzisko in die Stadt. Hier baute er sich seine Hütte auf einem Felsgelände vor der Stadt, wo schon Hunderte andere solcher Hütten standen.

Jeden Morgen, wenn es hell wird, macht sich Franzisko auf

den Weg, mit einer Tasche voller Kaugummi-Päckchen über der Schulter. Er verkauft Kaugummi. Am liebsten an Ausländer, weil die nicht auf den Preis gucken. Sonst an Jugendliche.
Anfangs hatte er Arbeit gesucht. Aber auch in der Stadt ist Arbeit knapp, besonders für solche, die nichts gelernt haben. Und Franzisko hat nichts gelernt. Eine Schule gab es nicht in dem Dorf, in dem er aufgewachsen ist. Und Zuckerrohrschneiden ist nicht mehr gefragt.
Franziskos Frau arbeitet gelegentlich als Putzfrau bei dem Großhändler, von dem er seinen Kaugummi bezieht. Und manchmal bringt seine älteste Tochter etwas Geld nach Hause – womit sie es verdient hat, danach fragt er sie nicht. Wenn sie gar kein Geld mehr haben, um etwas zu essen zu kaufen, machen sich die jüngeren Kinder auf, um etwas zu »besorgen«.
Manchmal bringen sie dann einen Radioapparat oder eine Tasche mit, die man verkaufen kann. Auch nach der Herkunft solcher Dinge fragt er nicht. Die meisten Bewohner der wilden Siedlung leben so wie er.
Den Strom für das Licht kriegen sie vom Elektrizitätswerk über eine Leitung ohne Zähler, die er gelegt hat. Der Inspektor vom Werk, der einmal hier war und ihn deswegen bestrafen lassen wollte, ist nicht wiedergekommen. Die Polizisten, die ihn dabei begleitet haben, weigerten sich, es wieder zu tun.
Nur der Priester kommt. Ohne Polizeischutz. Er ist ein ordentlicher Mann. Er hat immer Medikamente bei sich für Kranke und gelegentlich auch etwas Zucker oder Mehl aus einer Spende. Er verurteilt auch keinen, der etwas gestohlen hat. Er sagt, Gott wird es verzeihen, weil es aus Not geschah.

Er sagt auch, Gott wird dafür sorgen, daß alles besser wird. Aber daran glaubt Franzisko nicht mehr. Denn bisher wurde nie etwas besser, auch nicht, wenn einmal eine Regierung gestürzt wurde. Es wurde höchstens schlechter. Jedenfalls für die Armen. Und er ist inzwischen 37 Jahre alt, da ist das Leben so gut wie vorbei.

Don Alfonso besitzt 18 000 Hektar Ackerland. Außerdem gehören ihm ein Sägewerk und eine Firma, die Autos importiert. Er besitzt eine Villa in der Stadt, eine zweite am Meer, mehrere Autos, ein Privatflugzeug und eine Hochseeyacht, die im Hafen von Miami in Florida liegt.
Um die 18 000 Hektar Land kümmert sich ein Verwalter. Er verwaltet auch die Läden in den beiden Dörfern, die zu Don Alfonsos Land gehören. In ihnen kaufen die Dorfbewohner alles, was sie zum Leben brauchen, obwohl die Preise dort stark überhöht sind. Aber Geld, um in die Stadt zu fahren, haben sie nicht, und außerdem erhalten sie sonst nirgendwo Kredit.
Don Alfonso verbringt etwa die Hälfte des Jahres im Ausland. Seine Tochter studiert in der Schweiz. Und einer seiner beiden Söhne ist Offizier in der Armee. Auf seinem Landbesitz war Don Alfonso während der letzten zehn Jahre nur einmal, als es Gerüchte gab, die Regierung wolle nichtbearbeitetes Ackerland an arbeitslose Landarbeiter verteilen.
Damals ließ Don Alfonso die Dorfbewohner zusammenrufen und teilte ihnen mit, auf seinen Gütern gäbe es kein unbearbeitetes Land – was nicht der Wahrheit entsprach. Außerdem sagte er, wenn die Regierung es wirklich wagen sollte, solch eine Maßnahme anzuordnen, würde die Armee das verhindern. Danach kehrte er in die Stadt

zurück. Seine Prophezeiung erwies sich als richtig. Zu der angeblich geplanten Landverteilung ist es nie gekommen. Die Armee hatte die Regierung wohl wissen lassen, daß sie eine solche Maßnahme nicht dulden würde. Schließlich ist Don Alfonsos Sohn nicht der einzige Großgrundbesitzerssohn im Offizierskorps.

Den größten Teil seines Vermögens hat Don Alfonso übrigens im Ausland angelegt. Dort sind die Anlagebedingungen günstiger, sagt er, und man muß nicht so hohe Steuern zahlen. Außerdem traut er der wirtschaftlichen wie auch der politischen Entwicklung im Lande nicht – trotz der Armee. Und so wie er denken und handeln die meisten Großgrundbesitzer und Unternehmer im Land.

Franzisko lebt in einer Favella, wie man die wilden Siedlungen hierzulande nennt, in São Paulo, der größten und reichsten Stadt Brasiliens. Aber es gibt Millionen Franziskos in Lateinamerika. Sie hausen in Hunderten und Aberhunderten von wilden Siedlungen am Rande der großen Städte: rund um Lima und Caracas, um Buenos Aires und Bogotá, um Santiago de Chile, Montevideo, Mexico City und La Paz. Und die Zahl solcher Siedlungen wie ihrer Bewohner wächst von Jahr zu Jahr.

Auch die Stadtvilla von Don Alfonso steht in São Paulo. Wenn Franzisko ihre Adresse wüßte, könnte er dorthin gehen und nach Arbeit fragen, weil er doch aus Don Alfonsos Dorf stammt. Aber er würde kein Glück damit haben. Denn die Villa liegt in einem großen Park hinter einem hohen Zaun, der Tag und Nacht von bewaffneten Posten bewacht wird. Die würden ihm das Tor mit Sicherheit nicht öffnen.

Es gibt ein paar tausend Don Alfonsos in den Ländern

Lateinamerikas von Chile bis Mexiko. Und da sie von ihren Vermögen regelmäßig einen erheblichen Teil ins Ausland transferieren, werden sie immer noch reicher.
Gelegentlich werden irgendwo nach einem Militärputsch ein paar wilde Siedlungen mit ein paar hundert Hütten von Panzern niedergewalzt und ihre Insassen verjagt. Aber sie kehren fast immer zurück. Denn in den Dörfern, aus denen sie stammen, ist die Armut eher noch schlimmer als in den Städten. Und sie nimmt auch dort seit Jahrzehnten unaufhaltsam zu.
Gelegentlich wird irgendwo nach einem unerwarteten Wahlausgang oder aufgrund von Unruhen auch einmal eine Regierung gestürzt, und neue Männer mit neuen Parolen übernehmen die Macht. Dann gehen viele Großgrundbesitzer, Fabrikanten und reiche Kaufleute zunächst einmal ins Ausland, vorwiegend in die USA. Aber sie kehren fast immer nach kurzer Zeit wieder zurück. Denn im Grunde ändert sich kaum etwas an der Lage. Entweder übernehmen die neuen Machthaber sehr rasch die Ziele und Methoden ihrer Vorgänger. Oder aber, wenn sie Absichten erkennen lassen sollten, deren Verwirklichung den Interessen der Besitzenden zuwiderlaufen würden, werden sie sehr bald gestürzt. Meistens von den Militärs. Und wenn die allein es nicht schaffen, hilft ihnen der große Bruder in Washington – zumindest unterderhand.
So geschieht es seit über anderthalb Jahrhunderten in fast ganz Lateinamerika.
Dabei leben die Franziskos und die Don Alfonsos oft in denselben Städten, vielfach sogar nur wenige Kilometer voneinander entfernt. Und sie sprechen dieselbe Sprache. Ganz Lateinamerika spricht spanisch, mit Ausnahme der Brasilianer, die portugiesisch sprechen – aber das sei, wie

mir ein kolumbianischer Literaturprofessor einmal versicherte, »eine Art Spanisch, nur ohne Knochen«. Jedenfalls verstehen sie einander. Und alle glauben an Jesus Christus und gehorchen dem Papst.

Aber sie reden nicht miteinander. Und wenn sie es versuchen, verstehen sie einander nicht, trotz gleicher Sprache. Denn obwohl sie Angehörige desselben Volkes und oft Bürger derselben Stadt sind, machen ihre unterschiedlichen Lebensumstände sie zu Fremden füreinander wie Süditaliener und Japaner oder wie Schweizer und Äthiopier.

Die meisten Staaten Lateinamerikas sind potentiell reich – aber ihre Völker sind fast ausnahmslos arm. Die Staaten verfügen, von Ausnahmen abgesehen, über fruchtbares Ackerland, hochwertige Rohstoffe, Energiequellen und genügend Arbeitskräfte, ohne übervölkert zu sein. Aber Jahr für Jahr verhungern hier Hunderttausende von Menschen, vor allem Kinder.

Entscheidend dafür erscheint mir, daß die Bewohner in Gruppen zerfallen, die streng voneinander getrennt und hermetisch voneinander abgeschlossen leben: auf der einen Seite die winzige Gruppe der Superreichen, kaum irgendwo mehr als zwei Prozent der Bevölkerung, denen jedoch bis zu zwei Drittel der Ländereien, Bodenschätze, Banken und Firmen gehören. Auf der anderen Seite die riesige Masse der Armen, in vielen Ländern nahezu die Hälfte, in einigen wie Honduras und Haiti sogar fast zwei Drittel der Bevölkerung, die nichts besitzen, keinen Quadratmeter Boden, keinen Arbeitsplatz, keinen Anspruch auf eine auch nur halbwegs gesicherte Existenzgrundlage für sich und ihre Familie; und vor allem keine Aussicht darauf, daß sich dies jemals ändert.

Nun gibt es Armut überall in der Dritten Welt. Und der Hunger ist, zur Zeit jedenfalls, in Afrika sicherlich schlimmer als in Lateinamerika. Arme und Reiche gibt es außerdem auch in Europa und sogar in »God's own country«, in den USA. Aber nirgendwo ist die Kluft zwischen den Armen und den Reichen so tief und zugleich so eng, hausen Arme und Reiche so hautnah, oft in Sichtweite nebeneinander, ist der Gegensatz so provozierend und erscheint er zugleich so unüberbrückbar, so unabbaubar fest zementiert wie hier.

Es gibt zwar in den meisten Staaten des Halbkontinents auch einen Mittelstand, eine Schicht von Bürgern, die in Europa die meisten Staaten trägt, geistig, politisch, moralisch und in gewissem Maße auch wirtschaftlich. Handwerker und Lehrer, Ingenieure, Ärzte, Bauern, Techniker, Kaufleute, auch Facharbeiter. Menschen, die aus oft nur schwerbegreiflichen Gründen ihre Länder lieben, ihnen dienen, für sie eintreten, sich notfalls für sie aufopfern und die aufgerufen wären, die auseinanderstrebenden Gruppen der Satten und der Hungrigen zusammenzuführen und zusammenzuhalten.

Aber diese Schicht ist hier, im Gegensatz zu Europa, sehr dünn, obwohl Lateinamerika, anders als Afrika und Südasien, gesellschaftlich stark von Europäern geprägt ist, in vieler Hinsicht geradezu europäisch wirkt. Außerdem ist sie materiell so schwach, daß sie vielfach kaum noch in der Lage ist, finanziell zu überleben.

Ich habe bei meinen Reisen durch Lateinamerika immer wieder feststellen müssen, daß die wichtigsten meiner Ansprechpartner, die »Gebildeten« und »Informierten«, sich materiell gerade noch dadurch über Wasser hielten, daß sie zwei oder sogar drei Jobs gleichzeitig ausübten.

Universitätsprofessoren, die in ihrer »Freizeit« als Warenhausverkäufer arbeiteten, Journalisten, die die Schularbeiten der Kinder reicher Leute korrigierten, weil sie von ihrem Gehalt allein sich und ihre Familien nicht ernähren konnten.
Ihre finanzielle Mittellosigkeit macht sie auch politisch einflußlos. Denn in den regierenden Schichten Lateinamerikas zählt, wie auch in den Ländern des kapitalistischen Westens, der Besitz. Jedenfalls ist es den Bürgern bisher nirgendwo gelungen, eine auf Dauer tragfähige Brücke zwischen den Armen und den Reichen zu errichten, eine Basis für die Überwindung der tödlichen Kluft zwischen ihnen zu schaffen, die es den Verwaltungen dieser Staaten ermöglichte, den potentiellen Reichtum ihrer Länder für alle zu nutzen, so daß alle sich als beteiligte und damit interessierte und engagierte Bürger fühlen. Bis heute sind hier vielmehr die Reichen die Profiteure und die Armen die Ausgebeuteten geblieben, die nichts gemeinsam haben und einander bekämpfen. Und darin liegt, wie ich meine, das entscheidende Problem Lateinamerikas.

Dabei bestimmte Anfang der sechziger Jahre, als ich zum ersten Mal nach Lateinamerika kam, ähnlich wie in Afrika auch hier eine große Aufbruchstimmung, ein geradezu leidenschaftlicher Optimismus das Denken, Planen und Handeln vieler Menschen. Brasilien stampfte eine neue Hauptstadt aus dem Boden nach einem phantasievollen, kühnen, alle Welt aufregenden Plan. Venezuela plante aufgrund der erwarteten Ölmilliarden den Aufbau einer neuen Wirtschaftsstruktur mit weitgreifender Industrialisierung, von der alle Bürger des Landes profitieren sollten. Mexiko war überzeugt, seine vor fast einem halben Jahrhundert begonnene Revolution weiter auf friedlichem Wege fortsetzen zu können und auf diese Weise unter Ausnutzung seiner Erdölquellen und Bodenschätze nicht nur zu einer wirtschaftlichen Vormacht, sondern auch zu einem sozialen Vorbild Lateinamerikas zu werden. Kolumbien hoffte, die »Violencia«, die zerstörerische Gewalttätigkeit zwischen den Bevölkerungsgruppen, durch ein neues soziales Konzept überwinden zu können.

Denn Kuba hatte ein Zeichen gesetzt. Die Zuckerinsel, nur 200 Kilometer von der Küste Floridas entfernt, hatte die bisher alles dominierenden Yankees und ihre einheimischen Helfershelfer vertrieben und hatte damit ein Signal gegeben, das damals vielen Menschen Hoffnung gab.

»Lateinamerika ist der Kontinent von morgen«, versicherte mir Anfang der sechziger Jahre Janio Quadros, der neugewählte Präsident Brasiliens, der ebenfalls von einer großen sozialen Reform seines Landes träumte. »Wir haben alles, was wir brauchen, Getreide und Vieh, Erze und Holz, dazu arbeitsame und lernfähige Menschen. Wir brauchen ihnen nur eine Chance zu geben. Und wir werden es tun. In spätestens zwanzig Jahren wird Lateinamerika der führende Kontinent unserer Welt sein.«

Aber all das blieb ein Traum. Einer der vielen Träume Lateinamerikas. Die Lateinamerikaner haben immer von einer großen und schönen Zukunft geträumt. Aber bis heute sind fast all ihre Träume Träume geblieben.

Mit derzeit 110 und 100 Milliarden Dollar Schulden sind Brasilien und Mexiko, die beiden potentiellen Großmächte des Kontinents, die höchstverschuldeten Staaten der Welt – nach den USA. Die Gesamt-Auslandsverschuldung des Halbkontinents hat inzwischen die phantastische Höhe von rund einer halben Billion, das sind rund 500 Milliarden

Dollar, erreicht. Aber die Lage der Armen hat sich dadurch nicht verbessert. Im Gegenteil.
So steigt die Arbeitslosigkeit, trotz der Geldspritzen von außen, laufend. Sie dürfte heute im Schnitt bei etwa einem Drittel der arbeitsfähigen Bevölkerung liegen (da es in den meisten Ländern keine Arbeitslosenversicherung gibt, fehlen die genauen Zahlen). Das heißt konkret: Jeder dritte arbeitsfähige und fast immer auch arbeitswillige Lateinamerikaner findet keine Arbeit.
Es gibt zwar Produktionsbereiche, in denen gut verdient wird, auch in der Landwirtschaft. Aber Eigentümer vieler Unternehmen sind Ausländer, vor allem US-Amerikaner, die ihre Gewinne in die Heimat transferieren. Die Bananenplantagen Mittelamerikas, die Kupferminen Chiles wie auch der Panamakanal sind nur einige Beispiele dafür. Und die meisten einheimischen Unternehmer folgen dem Beispiel der Ausländer und legen ihr Geld in den USA, in der Schweiz, in Großbritannien an.
In den meisten lateinamerikanischen Staaten ist der Dollar praktisch eine Zweitwährung. Und da die einheimische Währung aufgrund der wachsenden Schulden und des ständigen Kapitalabflusses laufend an Wert verliert, steigt der Kurs des Dollars automatisch, was nun auch die »kleinen Leute« zur Flucht in den »Greenback« veranlaßt. So erhöhte sich der Dollarkurs im Straßenhandel in Lima innerhalb von zwei Wochen, während der ich bei Dreharbeiten für einen Dokumentarfilm in Peru war, um nicht weniger als 80 Prozent – das sind rund 2000 Prozent im Jahr!
Die permanente Inflation verschärft noch die Auswirkungen der Arbeitslosigkeit. Wer keine Arbeit hat, keine öffentliche Unterstützung erhält wie etwa in Deutschland,

der geht handeln, um nicht zu verhungern. Mit Kaugummi wie Franzisko in São Paulo. Oder mit Zeitungen, leeren Flaschen, Streichhölzern, Unterhemden, Sandalen, billigen Uhren; gelegentlich auch mit Drogen. Auf der Straße. In der peruanischen Hauptstadt Lima, die sechs Millionen Einwohner zählt, gibt es nach Angaben der Behörden mindestens eine Million Straßenhändler. Und in Rio de Janeiro, Buenos Aires, Valparaiso oder Panama City ist es nicht besser.

Auf meinen Hinweis, daß es aber doch schließlich besser sei, wenn sich ein Mann mit dem Straßenverkauf von Zigaretten oder billigen Taschenrechnern über Wasser halte, als daß er und seine Familie verhungerten, nickte der Leiter der städtischen Finanzverwaltung in Caracas zwar, fügte jedoch spöttisch lächelnd hinzu: »Für den Mann und seine Familie ist das sicher richtig. Aber unsere Stadtverwaltung verliert durch die wilden Straßenhändler, die ja keinerlei Steuern zahlen, jedes Jahr Millionen. Und wir haben ohnehin zuwenig Geld.«

Was er nicht erwähnte, war die Tatsache, daß seine Stadtverwaltung wie die meisten des Halbkontinents einen viel zu großen Teil ihrer ohnehin nicht ausreichenden Gelder für ihre Beamten und Angestellten ausgab. Aber darin unterscheidet sich Lateinamerika meines Erachtens im Prinzip nicht allzusehr von Europa, einschließlich der Bundesrepublik. Wir nennen es nur anders. In den Ländern der Dritten Welt ist es für uns »Vetternwirtschaft«. Bei uns bezeichnen wir es schonend als »ausufernde Bürokratie«.

Apropos Korruption: Wer mit Deutschen über die Schwierigkeiten und Sorgen der Dritten Welt diskutiert, der bekommt fast immer nach wenigen Minuten den Hinweis auf die in diesen Ländern herrschende Korruption zu hören. Sie gehört wie für Afrika so auch für Lateinamerika zu den Hauptvorwürfen der Ersten gegen die Dritte Welt. Ich halte diesen Vorwurf für ebenso anmaßend wie unüberlegt. Wenn das vor zweihundert Jahren ein Preuße gesagt hätte, als die preußischen Beamten angeblich noch unbestechlich waren, wäre ich bereit gewesen, darüber zu diskutieren. Aber heute! Wo in diesem unseren Lande trotz eifrigster Vertuschungsmanöver mit Hilfe von »Vertraulich«- und »Geheim«-Verfügungen jeden Monat mindestens irgendein Skandal ans Licht kommt, bei dem es nicht um ein paar hundert oder ein paar tausend, sondern um Hunderttausende oder Millionen Mark geht!

Wenn ein armer Mann, der von seinem bescheidenen Gehalt seine Familie nicht mehr ernähren kann, ab und zu ein »Bakschisch« annimmt, halte ich das nicht für gut, aber für verzeihlich. Wenn sich dagegen wohlhabende und noch dazu durch großzügige Pensionen für ihr Alter abgesicherte Staatsdiener aus bloßer Gier bestechen lassen, habe ich dafür kein Verständnis.

Lateinamerika hat wie andere Dritte-Welt-Kontinente einfach ein anderes System der Beamten-»Besoldung«. Die Verwaltungen dort haben, anders als im reichen Deutschland, sehr wenig Geld. Daher können sie den Beamten nur sehr niedrige Gehälter bezahlen. Und deshalb sind diese vielfach gezwungen – und die Verwaltungen wissen das auch –, ihre niedrigen Gehälter durch gewisse illegale »Nebeneinnahmen« aufzubessern – obwohl dies die ohnehin Unterprivilegierten noch weiter benachteiligt.

Mich hat in Mexiko einmal ein Polizist auf einer Fernstraße angehalten, weil ich angeblich zu schnell gefahren war. Nun traf dies, vielleicht ausnahmsweise, wirklich nicht zu. Trotzdem flüsterte mir der Fahrer unseres Leihwagens

leise zu: »Legen Sie eine Hundert-Peso-Note in Ihren Paß, das erspart uns Schwierigkeiten.«
Ich wollte erst nicht, tat es aber, weil er mir so energisch zuredete, dann doch. Der Polizist kontrollierte meinen Paß, nahm dabei unauffällig die Hundert-Peso-Note heraus, salutierte höflich und erklärte mir: »Als Ausländer sind Sie unser Gast, Señor, aber bitte fahren Sie in Zukunft vorsichtig, damit Sie keine Schwierigkeiten bekommen.«
Als ich hinterher meinem Fahrer ärgerlich vorhielt, daß der Polizist aber doch im Unrecht gewesen sei, zuckte der nur die Schultern: »Natürlich war er im Unrecht. Aber von dem Gehalt, das er kriegt, kann er nicht leben. Also holt er sich, was er braucht, von uns. Und für Sie sind 100 Pesos doch kein Geld.«
Er hätte dem Polizisten natürlich nur 50 Pesos gegeben, wenn der ihn angehalten hätte, setzte er hinzu, und der hätte sich damit auch zufriedengegeben. Aber wer reich sei, der müsse eben mehr zahlen, und Ausländer seien nun mal reich.
Sicherlich sind das nach unserer Vorstellung keine vorbildlichen Verwaltungsmethoden. Aber ehe man hochmütig darüber herzieht, sollte man vielleicht die Situation berücksichtigen, in der sich die meisten Länder der Dritten Welt befinden. Eine entscheidende Ursache ihrer Schwierigkeiten ist diese Korruption nach meinem Dafürhalten jedenfalls nicht – wenn man einmal von den vorwiegend von den reichen Industriestaaten ausgehaltenen Diktatoren und ihren Cliquen absieht.
Panama. Mai 1990. Elf Uhr morgens. Durch die leeren Straßen der Innenstadt hasten kleine, klapprige Taxis wie eilige Wasserkäfer. Einige der Geschäfte sind geschlossen, etliche Häuser zeigen Brandspuren. In leer geräumten

Auslagen liegen hie und da Glassplitter zerschlagener Schaufensterscheiben.
Fünf Monate sind seit der Invasion US-amerikanischer Truppen in Panama vergangen. Aber die früher stets so quirlige Stadt ist noch immer wie gelähmt. Ein britischer Ingenieur, der auf ein Schiff aus Hongkong wartet, sucht eine Sonnenbrille. Der Besitzer eines kleinen Ladens in einer Seitenstraße legt ihm eine dürftige Auswahl vor. »Früher hatten wir über achtzig Modelle«, sagt er entschuldigend, »aber seit der Invasion…«
Die Amerikaner hatten jede Menge Soldaten, Kampfhubschrauber und Panzer in der Stadt eingesetzt, aber die Plünderungen haben sie nicht verhindert, sagt er. Sie haben nur zugesehen. Und manche haben gelacht.
Die Menschen in der Stadt haben noch immer Angst – vor Verhaftungen durch panamaische Polizisten oder durch die amerikanische Militärpolizei. Und Angst vor Raubüberfällen, auf offener Straße, am hellichten Tag.
Aber dafür haben die Amerikaner doch immerhin die Diktatur und die Korruption beseitigt, sagt der Engländer beim Geldwechseln in einer Bank. Der Bankangestellte lächelt bitter.
»Früher hat Noriega die Schutzgelder von den Geschäftsleuten kassieren lassen, heute tut das der Neffe des neuen Präsidenten – er ist ein Freund der Yankees, sie haben ihn eingesetzt.«
Und an die Diktatur hatten sich die meisten Bürger gewöhnt, setzt er hinzu, Panama lebt praktisch seit 20 Jahren unter einer Diktatur. Zu essen gab es genug, trotz des amerikanischen Embargos in den letzten Jahren. Und zumindest die kleinen Leute hatten nichts zu fürchten, solange sie nicht politisch Krawall machten.

Vom Rauschgifthandel hat er nie etwas gemerkt, sagt der Hoteldirektor, als der Engländer seinen Zimmerschlüssel abholt. Panama war eine Waschanlage für schmutziges Geld, und das ist es nach wie vor; alle 140 Banken arbeiten. »Das mit dem Rauschgift war doch nur ein Vorwand«, setzt er nach einem vorsichtigen Blick zur Tür hinzu, »die Yankees wollen verhindern, daß wir den Kanal kriegen, wie es abgemacht ist. Deswegen haben sie uns überfallen. Und deswegen machen sie uns jetzt kaputt.«

Er bricht ab. Zwei Polizisten haben die Halle betreten. Sie verlangen die Gästeliste des Hotels. Sie bringen sie zum US-Kommando Süd, dem Hauptquartier der in der Kanalzone stationierten US-amerikanischen Streitkräfte.

Panama ist ein unabhängiger Staat.

Panama ist – theoretisch – ein unabhängiger Staat. Aber am 20. Dezember 1989 überfielen die Amerikaner mit Flugzeugen, Kampfhubschraubern, Panzern und über 20 000 Soldaten das Land. Sie legten ganze Viertel der Hauptstadt in Schutt und Asche. Dabei kamen über 6000 Bürger des Landes ums Leben. Das alles geschah angeblich, um einen Mann, nämlich den Präsidenten Noriega, zu fangen, weil dieser mit Rauschgift handele und, vor allem, weil er ein Diktator sei.

In Mittelamerika hat es ungezählte Diktatoren gegeben. Aber die US-Amerikaner haben hier noch nie einen Diktator gestürzt, so gierig und grausam dieser auch wüten mochte. Weder Battista auf Kuba noch die Somozas in Nicaragua, weder Trujillo in der Dominikanischen Republik noch die Duvaliers auf Haiti. Im Gegenteil, sie haben Diktatoren fast immer geschützt, weil diese politisch meist auf seiten der USA standen und von der amerikanischen Rüstungsindustrie ihre Waffen bezogen. Auch Noriega

erfreute sich ihrer Gunst, obwohl sie von seinen Rauschgiftgeschäften wußten. Er erhielt sogar, nur zwei Jahre vor der Invasion, einen Orden von ihnen.
Aber 1977 hatte Präsident Carter gegen den erbitterten Widerstand der Republikaner und der amerikanischen Militärs einen Vertrag abgeschlossen, der festlegte, daß der Panamakanal 1999 an Panama zurückgegeben und die amerikanischen Truppen aus der Kanalzone abgezogen werden sollten. Als Noriega, der zwar mit Rauschgift handelte, aber ein Nationalist war, sich der Forderung Washingtons nach einer Änderung dieses Vertrages widersetzte, fielen vier Tage vor Weihnachten 1989 US-Truppen in Panama ein und besetzten die Hauptstadt.
Solche Überfälle und Invasionen der USA in lateinamerikanischen Staaten sind nichts Ungewöhnliches. Sie gehören vielmehr seit Jahrzehnten zum Alltag der politischen Beziehungen zwischen den beiden Halbkontinenten.
Allein im 20. Jahrhundert überfielen amerikanische Truppen Panama, Kuba, Honduras und die Dominikanische Republik fünfmal, Nicaragua dreimal. Mexiko, Guatemala, Haiti und Grenada erlebten je einmal eine amerikanische Militärinvasion. Nicaragua, Kuba, Haiti und die Dominikanische Republik waren Jahre, manchmal sogar jahrzehntelang von Amerikanern besetzt. Im Süden des Halbkontinents ließ die Regierung in Washington mit Hilfe ihres Geheimdienstes Regierungen stürzen und Präsidenten ermorden, die sich ihren Wünschen nicht fügten, wie zum Beispiel 1973 in Chile. Und als die USA 1986 vom Internationalen Gerichtshof in Den Haag wegen der Verminung nicaraguanischer Häfen mitten im Frieden verurteilt wurden, erkannte die amerikanische Regierung das Urteil einfach nicht an.

Grundlage für dieses völkerrechtswidrige Verhalten ist die sogenannte Monroe-Doktrin. In ihr erklärte der amerikanische Präsident James Monroe 1823 ganz Amerika praktisch zum politischen Einflußbereich der USA und leitete daraus für Washington das Recht ab, in den anderen Staaten des Doppelkontinents jederzeit auch militärisch zu intervenieren, wenn dies nützlich erschien. Denn das Interesse der USA entspreche, wie der US-Präsident Theodore Roosevelt 1904 im Hinblick auf US-Invasionen feststellte, grundsätzlich immer auch »dem Interesse der Menschheit als Ganzes«.
Zwar waren die USA offiziell immer »Antikolonialisten«. Schließlich waren sie ja aufgrund einer Rebellion gegen die britische Kolonialmacht entstanden. Die meisten Länder Lateinamerikas sind denn auch, im Gegensatz zu denen Afrikas, schon seit Beginn des 19. Jahrhunderts, also seit fast zwei Jahrhunderten, unabhängige Staaten. Aber in Wahrheit stehen sie noch heute weitgehend unter der Herrschaft Washingtons. Offiziell wird dies zwar niemals ausgesprochen. Aber praktisch ist die US-amerikanische Kolonialherrschaft über den gesamten Süden des Doppelkontinents bis heute wirksam.
Eine Folge davon ist das bis heute vom Rio Grande bis nach Feuerland spürbare Ressentiment der Bevölkerung gegenüber den »Yankees«, wie die US-Amerikaner hier überall genannt werden. Eine zweite sind die daraus resultierende wirtschaftlich völlig einseitige Entwicklung und die soziale Unterentwicklung des Halbkontinents.
Da die USA das Gebiet ihrer südlichen Nachbarn seit jeher als ihren »Hinterhof« (Theodore Roosevelt) betrachten, wurde die Wirtschaft dieser Staaten mit Hilfe des amerikanischen Kapitals vor allem auf die Rohstoffversorgung der

USA ausgerichtet – ähnlich der Ausrichtung der afrikanischen Kolonien auf die Rohstoffversorgung Europas. Ländereien wurden aufgekauft und Fabriken errichtet, nicht, um die dort ansässige Bevölkerung mit Lebensmitteln und Konsumgütern zu versorgen, sondern um dort die billige Produktion von Exportgütern von Kaffee bis Kupfer, von Öl und Zinn bis zu Zucker und Fleisch für die Versorgung der USA sicherzustellen.

Da die Eigentümer dieser Plantagen und Fabriken vielfach Yankees waren, flossen die Gewinne naturgemäß in die USA. Falls eine Regierung dabei irgendwelche Schwierigkeiten machte, wurde sie durch amerikanische Soldaten oder Söldner – wie 1954 in Guatemala – beseitigt. Auf diese Weise wurde ganz Lateinamerika ein großer Absatzmarkt für die amerikanische Industrie und zugleich wirtschaftlich abhängig von den USA.

Schlimmer noch war die Auswirkung der US-amerikanischen Vorherrschaft auf sozialem Gebiet. Da Wirtschaft und Militär die bestimmenden Repräsentanten der amerikanischen Dominanz waren, blieben Ansätze zu den dringend benötigten sozialen Reformen in Lateinamerika, wenn sie denn einmal irgendwo in Angriff genommen wurden, fast immer im Ansatz stecken. Denn dafür hatten weder Generale noch scharf rechnende Industriemanager Verständnis, geschweige denn Bedarf.

Zwar gab es trotz erbitterten Widerstands aus Washington dagegen hie und da Ansätze dazu. In Mexiko kam es Anfang des Jahrhunderts zu einer echten Revolution, die die Kirche entmachtete, einen Teil der Großgrundbesitzer verjagte und später sogar die US-Ölfirmen verstaatlichte. Aber inzwischen sind die meisten Ergebnisse dieser Reformen wieder außer Kraft gesetzt oder zumindest so verwäs-

sert worden, daß sich, gestützt auf versteckte US-amerikanische Finanzhilfe, eine neue Schicht reicher Grundbesitzer und Unternehmer im Land etablieren konnte.
1959 kam es auf Kuba zu einer Revolution. Zunächst wirkte Fidel Castros Erfolg wie ein Fanal. Unter dem wirtschaftlichen Druck und der militärischen Bedrohung durch die USA schlossen sich die Kubaner, um überhaupt zu überleben, jedoch den Sowjets an. Und das verhinderte, daß Kuba ein Modell für Lateinamerika wurde.
Die sozialen Reformen Fidel Castros (Alphabetismus, Krankenversorgung, Beseitigung der Wohnungsnot usw.) werden zwar noch heute in vielen Ländern des Halbkontinents bewundert. Aber die kollektivistische Ideologie des Kommunismus ist nichts für die individualistischen Lateinamerikaner. Außerdem sind die Sowjets für sie genauso »Gringos« – unerwünschte Ausländer – wie die Yankees. Schon lange vor dem wirtschaftlichen Zusammenbruch des Sowjetsystems hatte das kubanische Modell daher politisch jede Anziehungskraft für die Lateinamerikaner verloren.
Als Nicaragua dann versuchte, eine eigene lateinamerikanische Version eines sozialistischen Systems zu entwikkeln, sorgte Washington, durch die Entwicklung Kubas vorgewarnt, durch das Söldnerheer der Contras und durch eine Aushungerung Nicaraguas mit Hilfe eines totalen Wirtschaftsembargos für die Wahlschlappe und den Machtverlust der Sandinisten.
Auf der Karibikinsel Grenada schließlich wurde ein ähnlicher, wenn auch sehr viel vorsichtigerer Versuch 1985 sofort durch einen brutalen militärischen Überfall im Keim erstickt. Und die Invasion Panamas Weihnachten 1989 zeigt, daß selbst abgesegnete Versuche – schließlich

hatte die US-amerikanische Regierung unter Präsident Carter einer Rückgabe des Panamakanals zugestimmt – einer nationalen Verselbständigung wie auch sozialer Reformen auf den notfalls militärisch exekutierten und daher unüberwindlichen Widerstand Washingtons stoßen. Da liegt die entscheidende Ursache der wirtschaftlichen, sozialen und politischen Misere dieses Kontinents.

Die Straße ist gesperrt. Soldaten mit Maschinenpistolen haben eine Wiese umstellt. Auf ihr drängen sich etwa zweihundert Menschen, vorwiegend Frauen und Kinder, um ein paar Feuerstellen. Eine Gruppe von Männern steht diskutierend in einer Ecke.
Es ist kühl. Von den Bergen weht ein kalter Wind. Die Menschen auf der Wiese kommen von dort. Der Maisanbau, von dem ihre Vorfahren lebten, ernährt sie nicht mehr. Sie sind auf dem Wege in die Stadt. Man hat ihnen gesagt, dort gäbe es Arbeit.
Der Eigentümer der Wiese, auf der sie seit drei Tagen übernachtet haben, hat sich bei der Regierung beschwert. Und die hat Militär geschickt, um sie zu vertreiben. Die Soldaten stehen im Abstand von zehn Metern, breitbeinig, mit regungslosen Gesichtern. Der junge Hauptmann, der sie befehligt, weist herankommende Autos auf einen Nebenweg. Seine hohen Stiefel sind blank geputzt. Seine Pistole sitzt fest im Koppel. Auf die Frage eines Autofahrers, was hier vorgehe, erwidert er knapp, sie sorgten dafür, daß sich hier keine Obdachlosen ansiedelten, denn dies sei Privatland. Dann, nach einem kurzen Blick in das Gesicht des Autofahrers, setzt er mit einer raschen Kopfbewegung zur Wiese hin halblaut hinzu: »Es sind Indios.«
Der Autofahrer sieht zur Wiese hinüber. Dann nickt er

und fährt weiter. Am Abend sind die Menschen von der Wiese verschwunden. Da die Soldaten sie nicht weiterziehen ließen, sind sie auf dem Weg zurück in die Berge.

Die US-amerikanische Kolonialherrschaft ist nicht die einzige Ursache für die Probleme Lateinamerikas. Ein paar andere Schwierigkeiten kommen hinzu: das Militär, das den Reichen gehorcht, weil die praktisch seinen Sold garantieren; die zunehmende Landflucht und Verstädterung; und gewisse Spannungen zwischen den Rassen.

Sie sind hier, im Gegensatz zu Afrika, das geringste der drei Probleme. Ursprünglich bestand zwar auch in Lateinamerika ein tiefes Ressentiment der farbigen Bewohner gegenüber den weißen Eroberern, die hier in besonders brutaler Weise gegen sie vorgegangen waren. Im Süden des Kontinents wurde es jedoch durch weitgehende Ausrottung der Indios »aus der Welt geschafft«. Die winzigen indianischen Minderheiten, die hier stellenweise überlebt haben, sind heute politisch bedeutungslos.

Die in Brasilien einst herrschenden Portugiesen haben sich im Gegensatz zu den Spaniern stets mit Andersrassigen vermischt. Daher kennt Brasilien kaum ein Rassenproblem. Die Vertreibung und stellenweise Ausrottung der im brasilianischen Urwald überlebenden restlichen etwa 220000 Indios hat keine rassischen, sondern rein wirtschaftliche Gründe.

Im Norden Lateinamerikas haben die beiden Revolutionen in Mexiko und auf Kuba die hier einst nicht unerhebliche Diskriminierung der Farbigen, und zwar sowohl der Indios wie auch der Schwarzen, zumindest abgebaut. Die bewußte politische Anerkennung der Indianer im Zuge der Revolution in Mexiko wie die weitgehende Gleichstellung der Schwarzen im Zuge der Revolution auf Kuba haben ihre Wirkung auf die übrigen Staaten dieser Region nicht verfehlt.

Allerdings werden manche dieser Staaten wie zum Beispiel Kolumbien, Venezuela, Guatemala und El Salvador nach wie vor ausschließlich von den Nachkommen der weißen spanischen Eroberer regiert, und Farbige werden hier gesellschaftlich noch immer als »sozial minderwertig« eingestuft. Aber sie werden nicht mehr offiziell benachteiligt, sondern nur noch in der Praxis vielfach diskriminiert. Und um sich dagegen wehren zu können, wie die Schwarzen in den USA das getan haben, sind die Indios zu schlecht organisiert.

Gewichtiger ist das Problem des Militärs. Denn die Streitkräfte spielen in den meisten lateinamerikanischen Staaten eine politisch entscheidende Rolle. Sie haben hier seit jeher Politik gemacht und werden auch als Bestandteil der Politik akzeptiert.

Das liegt einmal an der Bedeutung der Armeen in der Geschichte der jungen Staaten. Sie waren im 19. Jahrhundert vielfach die einzigen nationalen Institutionen und verkörperten die Nation nach außen wie nach innen. Außerdem verlieh die für Lateinamerika charakteristische Regierungsform des »Caudillismo«, eines nicht auf Wählerzustimmung, sondern auf reinem Machtbesitz basierenden »Führerprinzips«, den Streitkräften eine besondere Bedeutung. Denn jeder Caudillo ist auf die Militärs angewiesen, um an die Macht zu kommen und sich an ihr zu halten. Daher muß er sich gut mit ihnen stellen.

Da Caudillos wie alle Diktatoren Menschen und somit sterblich, Streitkräfte aber Institutionen sind, konnte es nicht ausbleiben, daß sich das Militär in den meisten Staaten des Kontinents zu einem permanenten Machtfaktor entwickelte und ganz offen die Parole verkündete, ihm stehe das Primat über die Politik zu und nicht umgekehrt; schließlich garantierten die Streitkräfte angeblich die innere Stabilität des Landes.

Dies gilt nach wie vor, auch wenn die Generale zur Zeit vielerorts aus Opportunitätsgründen etwas aus dem Rampenlicht in den Hintergrund zurückgetreten sind. Ihre politische Macht haben sie damit nicht abgegeben. Und im Gegensatz zu einigen jungen Offiziersgruppen der dreißiger, vierziger und fünfziger Jahre, die versuchten, soziale Reformen in Gang zu setzen, steuern die Streitkräfte Lateinamerikas heute fast überall wieder einen streng konservativen, wenn nicht sogar reaktionären Kurs.

Auch das hat vor allem historische Gründe. Einmal setzen sich die Offizierskorps in den lateinamerikanischen Staaten traditionell aus Kreisen der reichen Oligarchien zusammen. Die zweiten und dritten Söhne der das Land beherrschenden Großgrundbesitzer machten entweder Karriere in der Kirche als Bischöfe und Erzbischöfe, wovon die Kirche materiell nicht unerheblich profitierte, oder sie gingen zum Militär – und über das Militär dann in die Politik –, um auf diese Weise den Besitz und die Macht der Familien, denen sie angehörten, zu sichern.

Die reformerischen jungen Offiziersgruppen, die in der Mitte des 20. Jahrhunderts in einigen Staaten Lateinamerikas an die Macht kamen, entstammten dagegen vorwiegend dem Mittelstand. Sie waren Söhne von Handwerkern, Bauern, Lehrern. An ihrer Spitze standen daher meist auch keine Generale, sondern Obersten und Hauptleute. Und diese zeigten aufgrund ihrer Herkunft Verständnis für das Verlangen der Minderbemittelten, auch ein wenig am Wohlstand des Landes teilzuhaben.

Ihnen fehlte jedoch die politische Erfahrung wie die materielle Basis, um die Machtgruppen im Staat auf die Dauer erfolgreich auszumanövrieren und um die nicht unerheblichen finanziellen Wünsche der Streitkräfte zu erfüllen. Und das Volk, dem sie etwas Gutes antun wollten, war politisch zuwenig organisiert, um sie gegen den Widerstand der reichen Oberschicht an der Macht zu halten.

Daher gelang es den besitzenden Minderheiten fast überall, die Reformer nach kurzer Zeit wieder aus der Macht zu verdrängen und anschließend die Armeen wieder auf die Linie einzuschwören, die ihren Interessen entsprach, nämlich einer Sicherung der bestehenden Besitzverteilung und der Wahrung des politischen und sozialen Status quo.

Diese starre antireformerische Haltung des mit den reichen Oligarchien verbündeten mächtigen Militärs ist eine der Hauptursachen für die Entstehung der zahlreichen Guerillabewegungen, die den Kontinent bis heute politisch besonders stark belasten. Frustriert von der Aussichtslosigkeit ihrer Bemühungen, die ungleiche Besitz- und Machtverteilung zu korrigieren, und ohne Hoffnung auf eine friedliche Änderung der Situation gingen in vielen Staaten Lateinamerikas Tausende vor allem junger Menschen in den Untergrund, um die Lage gewaltsam zu ändern.

Zwischen den einzelnen Gruppen von der südamerikanischen Stadtguerilla bis zur »Befreiungsfront Farabunde Martí« in El Salvador gab und gibt es kaum irgendwelche direkten Kontakte und auch wenig ideologische Übereinstimmung. Die Ziele waren und sind jedoch im Grunde überall die gleichen: Beseitigung der bestehenden, sozial zutiefst ungerechten Gesellschaftsordnung.

Auch die Schichten, aus denen sich die Guerillas rekrutie-

ren, sind überall die gleichen. Es sind nicht die Land- und Arbeitslosen, die unterbezahlten Arbeiter und die von den Großgrundbesitzern aus ihren Dörfern vertriebenen Kleinbauern. Es sind auch nicht die Indios. Sondern es sind vorwiegend Angehörige des Mittelstandes: Ärzte, Rechtsanwälte, Architekten, viele Studenten, auch Priester. Es ist im Grunde ein gewaltsamer Aufstand einiger Gruppen des Bürgertums.
Einen Erfolg hat, abgesehen von Kuba und zeitweise Nicaragua, in erster Linie das Militär verhindert. Und die Brutalität, mit der die Militärs bei der Niederschlagung der Guerillabewegungen vorgingen, hat die ohnehin bestehende gesellschaftliche Unzufriedenheit innerhalb der einzelnen Staaten noch weiter verschärft.
So schossen Militärs 1985 den von Guerillas besetzten Justizpalast in der kolumbianischen Hauptstadt Bogotá in Brand, um zu verhindern, daß die Rebellen anhand der dort liegenden Akten die Verwicklung der Streitkräfte in die Ermordung von über 500 Politikern, Rechtsanwälten und Gewerkschaftlern nachwiesen; dabei brachten sie nicht nur den Gerichtspräsidenten und viele Richter, sondern auch über einhundert unbeteiligte Bürger um. Den für das Massaker Verantwortlichen geschah nichts.
So »verschwanden« in Argentinien unter der Militärregierung zwischen 1976 und 1983 über 30 000 Menschen. Und der Bericht einer von der späteren Zivilregierung eingesetzten amtlichen Kommission belegte zahllose, von den Angehörigen der Streitkräfte begangene Verbrechen gegen die Menschlichkeit. Aber lediglich fünf der Schuldigen wurden deswegen verurteilt. Und sie saßen ihre Strafen in eigens für sie eingerichteten Luxusgefängnissen ab. Der Rest der Folterer und Mörder wurde, genau wie in Brasi-

lien und Uruguay, amnestiert – aus Respekt vor der Macht des Militärs.

Im Gegensatz zu der von den Streitkräften beanspruchten Rolle eines Wahrers der Stabilität hat sich das Militär daher fast überall in Lateinamerika als ein Faktor der politischen Destabilisierung erwiesen, weil seine Befehlshaber sich aus Gier nach Macht und Einfluß von den Besitzenden kaufen ließen und dann sowohl soziale Reformen wie auch eine auf das Wohl der Bevölkerung ausgerichtete Wirtschaftsentwicklung verhinderten.

Noch gewichtiger und in seiner Auswirkung verhängnisvoller ist schließlich die sprunghaft zunehmende Verstädterung des Kontinents. Vor dreißig Jahren lebte noch nicht die Hälfte aller Lateinamerikaner in Städten – heute sind es drei Viertel. Damit verzeichnet der Halbkontinent den höchsten Verstädterungsgrad der Welt.

In Mexico City etwa, der mit 20 Millionen Einwohnern größten Stadt Lateinamerikas, lebt heute über ein Viertel der gesamten mexikanischen Bevölkerung. In Buenos Aires, mit zwölf Millionen die drittgrößte Stadt, leben fast 40 Prozent aller Argentinier. Und Lima, mit nur sechs Millionen erst an fünfter Stelle, behaust beinahe ein Drittel aller Peruaner.

Hauptursache dieser Entwicklung ist die noch immer zunehmende wirtschaftliche Konzentration in und um die Großstädte. So ist in Mexico City auf einem Gebiet von nur einem Prozent der gesamten Fläche des Landes annähernd die Hälfte aller mexikanischen Industrieunternehmen zusammengeballt. Und in São Paulo, mit 15 Millionen Einwohnern die zweitgrößte Stadt Lateinamerikas und die größte Brasiliens, wird fast die Hälfte aller brasilianischen Industrieprodukte hergestellt, bei Einbeziehung des

Umfeldes der Stadt sogar zwei Drittel; die hier angesiedelten 35 000 Industriebetriebe verbrauchen nahezu die Hälfte der gesamten Energieproduktion des Landes; und da 40 Prozent allen Kapitals weiterhin in und um São Paulo herum investiert werden, verdichtet sich die Konzentration immer weiter.

In Caracas, der Hauptstadt des ölreichen Venezuela mit sechs Millionen Einwohnern, lebt ein Viertel aller Venezolaner, und die Stadt verzeichnet schon heute eine Bevölkerungsdichte von 150 Menschen auf einem Hektar – in New York sind es hundert! Aufgrund des nach wie vor anhaltenden Zuzuges rechnen UNO-Experten bis zum Ende des Jahrhunderts mit nahezu einer Verdoppelung der Einwohnerzahl und damit einer Bevölkerungsdichte von fast 300 Menschen auf einem Hektar.

Die zunehmende Massierung der Menschen in den Städten gehört mit Sicherheit zu den schwerwiegendsten Problemen Lateinamerikas. Vor allem wegen der ökologischen Folgen. So etwa verpesten in Mexico City täglich über 11 000 Tonnen Schadstoffe die Luft, und immer mehr Menschen, vor allem Alte und Kinder, leiden unter Atembeschwerden; das Wasser wird knapp; es fehlt an Wohnungen; und zu den Stoßzeiten kommt der Autoverkehr in der Stadt trotz ihrer breiten Straßen praktisch zum Erliegen. Wer einmal an einem Nachmittag nur ein paar hundert Meter zu Fuß durch eine der Straßen gebummelt ist, der weiß, was das bedeutet.

Zu den katastrophalen Zuständen in den Städten kommen die nachteiligen Folgen für das Land. Die Konzentration der Großindustrie in den Städten überlastet die Verkehrsverbindungen – mittlere und kleine Betriebe, über das ganze Land verteilt, würden die Verkehrsverbindungen entlasten. Die Überlastung der Verkehrsverbindungen wiederum erschwert die Versorgung der Landbevölkerung mit Konsumgütern. Und deren schlechte Versorgung mit Konsumgütern verstärkt wiederum die Landflucht und erhöht den Zustrom zu den Städten.

Die Landflucht untergräbt zugleich die Versorgung der Bevölkerung mit Lebensmitteln. Je mehr Menschen in die Städte abwandern, desto abhängiger werden die Länder von Nahrungsmittelimporten. Um diese bezahlen zu können, forciert die Regierung die Produktion landwirtschaftlicher Exportgüter wie Zucker, Kaffee, Bananen, Fleisch. Und das beeinträchtigt wieder die Erzeugung von Lebensmitteln für den eigenen Verbrauch.

Zu der wachsenden Abhängigkeit von Nahrungsmittelimporten und der damit automatisch steigenden Auslandsverschuldung kommt die Zunahme innerpolitischen Zündstoffs durch die Verstädterung. Der Zustrom immer neuer Zuwanderer in die Städte, die von diesen weder untergebracht noch versorgt werden können, erhöht die dort ohnehin bestehenden sozialen Spannungen weiter. Die in den wilden Siedlungen zusammengepferchten Menschenmengen bergen ein Explosionspotential, das nicht nur die einzelnen Länder, sondern in absehbarer Zukunft den ganzen Kontinent gefährdet.

Jahrzehntelang hat der Mythos eines wirtschaftlichen Wachstums, das angeblich alle Probleme lösen werde, die Diskussion der sogenannten Lateinamerika-Experten beherrscht. Inzwischen haben die meisten von ihnen eingesehen, daß diese Hoffnung auf einer Illusion und diese These auf einem Irrtum beruht. Auf dem Irrtum nämlich, daß der bisher auf ganz wenige beschränkte Wohlstand automatisch zu allen Landbewohnern »durchsickern«

werde, wenn man ihn nur kräftig erhöhe. Aber Lateinamerika leidet nicht unter zu geringem Wohlstand, sondern unter der zu einseitigen Verteilung desselben.
Solange die vom Wohlstand Profitierenden ihre Erlöse aus Gründen der Gewinnmaximierung vorwiegend ins Ausland schaffen, besteht keinerlei Aussicht auf eine Verbesserung der Lage. Vielmehr blutet Lateinamerika weiter unaufhaltsam aus. Professor René Dreifuss, Politologe und Soziologe an der Universität von São Paulo, beklagte denn auch im Rahmen eines Dritte-Welt-Seminars der Evangelischen Medienakademie im Frühjahr 1990 in Wiesbaden:
»Die lateinamerikanischen Staaten zahlen heute jährlich 60 Milliarden Dollar Zinsen allein an den Westen, ohne daß dies die gesamte Schuldsumme des Kontinents merklich verringert. Vielmehr wachsen die Schulden weiter. Außerdem fließt über die Hälfte aller Subventionen für Industrieunternehmen in die Taschen der Multis, also wieder an die reichen Industriestaaten. Auf diese Weise haben wir in den vergangenen zehn Jahren mehr an den Westen bezahlt, als wir ihm schulden.«
Außerdem führt das auf Exportsteigerung forcierte Wirtschaftswachstum nach seiner Ansicht dazu, daß der Kontinent seine Umwelt wie seine traditionellen Lebensweisen für immer neue Experimente ausländischer Experten opfert, von denen in erster Linie die westlichen Industriestaaten profitieren. Eine Lösung der wirtschaftlichen und sozialen Dauerkrise, in der sich die Staaten Lateinamerikas seit fast zwei Jahrhunderten befinden, haben diese Experimente dagegen bisher nicht gebracht. Sie haben lediglich die Kluft zwischen den wohlhabenden Industriestaaten der Ersten Welt und den armen Bewohnern dieses Dritte-

Welt-Kontinents weiter vertieft. Eine Fortsetzung dieses bisher verfolgten Weges kann angesichts der bisher gemachten Erfahrungen die Lage deshalb nur weiter verschlechtern. ◀

Südasien

■ Der Dienstmann öffnet die Tür. Jählings brechen Hitze, Geschrei und Gestank in die künstliche Kühle des Flughafengebäudes. Das grelle Licht der Sonne sticht in die Augen, das eben noch trockene Hemd klebt auf der Haut. Eine Horde bettelnder Krüppel, Frauen mit Säuglingen an der Brust und gestikulierende Männer stürzen sich auf die herauskommenden Passagiere.

Ankunft in Bombay. Ein Junge reißt den Koffer an sich. Drei Minuten später steuert der Taxifahrer sein klapperndes Auto über die staubige Straße. Den Daumen fest auf die Hupe gepreßt, jagt er durch das Gewühl von Fußgängern, Fahrzeugen, Radfahrern und Vieh; vorbei an winzigen Verkaufsständen mit Zuckerrohr, Apfelsinen und bunten Plastikreifen, eingequetscht zwischen Sacktuchhütten und Abfallbergen, auf denen Kinder und Katzen raufen. Fäulnisgestank hängt in der Luft. Überladene Lastwagen spucken schwarze Abgaswolken auf die Straße. Von Zeit zu Zeit dazwischen der Farbtupfer einer schlanken Frau oder eines Mädchens in einem safrangelben, scharlachroten oder olivgrünen Sari.

Es ist alles, so scheint es, genauso wie vor über 30 Jahren, als ich das erste Mal nach Indien kam: nur Armut und Elend, ungezählte Händler mit billigem Schrott und zu viele Menschen, die auf Steinen schlafen, weil für sie kein Platz ist in dem überfüllten Land. Aber der Eindruck täuscht. Denn neben Friseuren, die ihre Kunden im Freien rasieren, bieten neonbeleuchtete Geschäfte jede Menge vollautomatische Telefonapparate, Fernsehgeräte, französische Parfums und sogar Autos an. Hinter Holzhütten, in denen Analphabeten sich ihre Briefe schreiben lassen, rekken sich moderne Hochhäuser voller Büros und Kontore, vollgestopft mit Computern, in den Himmel. Und wenige hundert Meter von Sterndeutern und Fakiren entfernt, die im dürftigen Schatten einiger Palmen hocken, steht das Homi-Bhaba-Zentrum, eine der führenden Kernforschungsstätten der Welt.

Ich habe einem einheimischen Fotografen, der für einen Magazinbericht einige Fotos machen soll, das vereinbarte Honorar wie früher in Dollarnoten mitgebracht, sorgfältig versteckt, damit der Zoll sie nicht entdeckt. Er bedankt sich lächelnd. Aber die Mühe lohnt kaum mehr. Auf dem schwarzen Markt bringt der Dollar gerade noch acht Prozent Gewinn. Die Rupie ist konvertierbar. Und die indische Wirtschaft verdient eine Menge Geld.

Man sieht es an den Auslagen der Geschäfte wie an den Autos in den Straßen. Trotzdem hungern noch immer Millionen, schlafen Tausende in Bahnhofshallen, sterben Hunderttausende, weil sie den Arzt nicht bezahlen können.

»Achthundert Millionen, das sind sehr viele Menschen«, sagt mein indischer Kollege, »die wollen alle essen. Es gibt neidische Nachbarn, Pakistan, China. Außerdem gibt es viele Stämme und Völkerschaften und viele unterschiedliche Meinungen im Land – jeder Inder hat seine eigene Meinung, und wir leben in einer Demokratie – das ist nicht einfach.«

Neben Afrika und Lateinamerika gehört der Süden Asiens zur Dritten Welt. Asien ist der größte, älteste und volkreichste Erdteil der Dritten Welt. Himalaja und Kaspisches Meer trennen ihn jedoch geographisch – und politisch – in zwei Teile. Nördlich des höchsten Gebirges und des größten Binnensees der Erde liegen mit China und der Sowjetunion die beiden mächtigsten Staaten der bisherigen sogenannten Zweiten Welt. Nur das Gebiet südlich der Trennungslinie, wo es keinen Winter gibt, wo man keine Vorräte und keinen Brennstoff für die kalte Jahreszeit sammeln muß, rechnet zur Dritten Welt.

Indien ist nur einer der Staaten Südasiens. Aber es ist der größte und volkreichste von ihnen. Indien ist selber ein Kontinent, wenn man die Vielzahl der in ihm vertretenen Religionen, Sprachen und Völkerschaften in Betracht zieht. Nicht umsonst war der indische Regierungschef lange Zeit der Sprecher der Dritten Welt.

Südasien zerfällt, ethnisch wie wirtschaftlich und politisch, in vier Regionen:

- den von über einer Milliarde Menschen bewohnten Raum zwischen Katmandu, Colombo, Islamabad und Rangun, das ehemalige »Hinterindien«, das einst der britische Vizekönig regierte;
- westlich davon der sogenannte Nahe Osten, das politische Pulverfaß der Welt zwischen den Dardanellen, dem Roten Meer, Teheran und Karatschi, wo unter dem Sand der Wüste die größten Ölvorräte der Welt lagern und wo über dem Sand die Gebote Allahs gelten;

- im Osten Südasiens die drei ehemals von Frankreich regierten Länder Indochinas, wo es in Vietnam zu dem bisher schwersten militärischen Zusammenstoß zwischen der Ersten und der Dritten Welt und anschließend zu einer Konfrontation zwischen den beiden östlichen Großmächten China und der Sowjetunion kam;
- und schließlich, südöstlich vom Festland, der Inselraum der Malaien, dessen Bewohner zur Zeit versuchen, gestützt auf reiche Rohstoffvorkommen und vom Westen übernommene moderne Technologie, aus dem Armenhaus der Dritten Welt auszubrechen.

Das Herz Südasiens schlägt in Neu-Delhi. Von Natur aus ist Südasiens Großmacht allerdings nicht reich wie Brasilien, Mexiko oder Nigeria, die potentiellen Großmächte Afrikas und Lateinamerikas. Indien besitzt weder Öl noch bedeutende Rohstoffvorkommen. Indien lebt im Grunde von der Landwirtschaft. Aber seine Böden sind nicht annähernd so fruchtbar wie etwa die Argentiniens. Und vor allem: Sie müssen 850 Millionen Menschen ernähren.

Die Menschen sind Indiens größter Reichtum. Das ist nicht ironisch gemeint. Indien hat eine alte Kultur. Viele Bewohner des Landes sind sich dessen auch durchaus bewußt, im Gegensatz zu den beiden anderen Dritte-Welt-Kontinenten. Das bedeutet: Hier müssen die Menschen nicht »direkt vom Kamel auf den Cadillac umsteigen«, wie wir Westeuropäer es den Afrikanern so gerne hochmütig vorhalten. Ihre politischen Ansichten wurzeln auch nicht im europäischen Mittelalter wie die zahlreicher Lateinamerikaner. Sondern viele von ihnen leben, bewußt oder unbewußt, nach wie vor in den Traditionen ihrer kulturellen Vergangenheit. Aufgrund dieser zivilisatorischen »Vorbildung« fällt ihnen der Kontakt zur modernen, tech-

nologisch bestimmten Welt von heute daher leichter als etwa den Nomaden am Rande der Sahara oder den Andenbewohnern.
Zahlreiche Beispiele beweisen das. So verursachte das moderne Stahlwerk in Rourkela im Osten Indiens trotz aller Anlaufschwierigkeiten bei den einheimischen Arbeitern und Angestellten weit weniger Probleme als etwa ein ähnliches, kleineres Werk bei Port Harcourt im Süden Nigerias. Afrikaner wie Lateinamerikaner sind ohne Zweifel bei entsprechender Ausbildung keine schlechteren Handwerker oder auch Techniker als die Bewohner von Bombay, Kalkutta oder Haiderabad. Aber der Weg zum leitenden Ingenieur, zum Wissenschaftler oder gar zum Gelehrten ist für sie im allgemeinen schwieriger und dauert länger.
Das aus der kulturellen Tradition erwachsene hohe intellektuelle Niveau zeigt sich auch auf politischem Gebiet. Ich habe wiederholt Nehru, seine Tochter Indira wie den einen oder anderen ihrer Mitarbeiter im Kreise ihrer Kollegen aus anderen Ländern der Dritten Welt erlebt, und ich habe immer den Eindruck gewonnen: Hier diskutiert ein Lehrer mit seinen Schülern.
Ohne Zweifel spielt auch die große Zahl der Inder dabei eine Rolle. Denn es ist natürlich leichter, aus 850 Millionen Menschen ein paar tausend gute Mediziner und Juristen, ein paar hundert bedeutende Physiker und Biologen heranzuziehen als aus einem Reservoir von nur zehn, zwanzig oder dreißig Millionen, über das viele Länder der Dritten Welt verfügen. Insofern stellt die große Zahl seiner Bewohner für Indien schon ein Potential des Reichtums dar.
Aber der Menschenreichtum ist zugleich auch das größte

Diese Karte entnahm ich dem Buch

Wodurch sind Sie auf dieses Buch aufmerksam geworden?

- ☐ Empfehlung eines Bekannten
- ☐ Rat des Buchhändlers
- ☐ Buchbesprechung
- ☐ Rundfunksendung
- ☐ Anzeige
- ☐ Prospekt
- ☐ Schaufensterauslage
- ☐ Interesse für den Autor

Vielen Dank für Ihre Bemühungen und viel Spaß beim Lesen.

Rasch und Röhring Verlag

Bitte als
Postkarte
frankieren

Rasch und Röhring Verlag

Hoheluftchaussee 95

2000 Hamburg 20

Problem des Landes. Nicht nur wegen der Ernährungsschwierigkeiten, sondern auch, weil die große Zahl der Inder einer der Gründe für die latente Rivalität zwischen Indien und China ist. Sie wird zwar selten nach außen getragen – beide Völker sind Asiaten, die ihre Empfindungen wie ihre Absichten nach Möglichkeit verbergen –, aber sie bestimmt weitgehend das politische Denken und Handeln beider Staaten.

Hier in Asien treffen die beiden volkreichsten Staaten der Welt unmittelbar aufeinander. Beide zusammen haben zusammen rund zwei Milliarden Menschen, also etwa ein Drittel der Weltbevölkerung, zu ernähren. Das verlockt beide zwangsläufig dazu, nach angrenzenden Territorien Ausschau zu halten, die sich in irgendeiner Form »angliedern« oder wenigstens unter politischen Einfluß bringen lassen, um zur Versorgung der eigenen Bevölkerung beizutragen.

Es gibt unzählige Beispiele dafür, bis in die jüngste Zeit hinein, von Tibet, Kambodscha und Vietnam bis zu Kaschmir, Nepal und Sri Lanka. Und bildete nicht der Himalaja die Grenze zwischen den beiden Mächten, wäre es vermutlich längst zu blutigen Auseinandersetzungen zwischen ihnen gekommen.

Denn beide beanspruchen, schon aufgrund ihrer Einwohnerzahl, eine führende Rolle in der Weltpolitik. Aber beide gehören verschiedenen politischen Lagern an. Hier, am Himalaja, trifft die bisherige Zweite unmittelbar auf die Dritte Welt. (Die Behauptung Pekings, China gehöre zur Dritten Welt, verfolgt lediglich vordergründige politische und wirtschaftliche Ziele und ist leicht zu widerlegen; China ist ein Bestandteil der kommunistischen Staatengruppe und bekennt sich auch dazu.)

Die Auseinandersetzung zwischen den beiden asiatischen Großmächten, deren Bedeutung in Westeuropa vielfach unterschätzt wird, bestimmt entscheidend die politische Entwicklung Südasiens. So unterstützt und bestärkt die chinesische Führung seit Jahren Pakistan in seinem Konflikt mit Indien. So verhindert China die von den Bewohnern Indochinas angestrebte Annäherung an die Dritte Welt durch die bewaffnete Unterstützung der Roten Khmer in Kambodscha. So hat Peking mit Hilfe der chinesischen Minderheit in Indonesien jahrzehntelang eine enge Zusammenarbeit zwischen Indien und Indonesien im Rahmen der Dritte-Welt-Gruppe ver- oder wenigstens behindert.

Abgesehen vom indisch-chinesischen Konflikt, bestimmen die Großmachtansprüche Neu-Delhis die Beziehungen Indiens zu den meisten seiner Nachbarländer. Pakistan, Nepal, Bhutan, auch das erst mit indischer Hilfe unabhängig gewordene Bangladesch wie Sri Lanka fühlen sich in ihrer Selbständigkeit eingeengt, bevormundet, wirtschaftlich und finanziell ausgenutzt. Sei es nun durch riesige Stauanlagen wie den südindischen Farakadamm, von dem die Wasserversorgung großer Teile von Bangladesch abhängt, sei es durch eine Erschwerung des Transitverkehrs für das Binnenland Nepal zu den indischen Häfen, sei es durch die von der südindischen Volksgruppe der Tamilen ausgelösten blutigen Unruhen auf Sri Lanka.

Die Persönlichkeit des indischen Gründervaters Mahatma Gandhi hat Indien den Ruf einer friedfertigen Nation verschafft. Und die Wahrung der Demokratie unter den schwierigen Bedingungen eines riesigen Vielvölkerstaates hat diese Reputation noch verstärkt. Aber der Eindruck ist nur teilweise berechtigt. Die jahrzehntelang konsequent betriebene Politik der Blockfreiheit war keineswegs nur das Ergebnis friedfertiger Wesensart und Philosophie, sondern sie entsprang in mindestens ebenso starkem Umfang kühler politischer Überlegung. Kein Land sonst hat so bewußt und so erfolgreich die Rivalität zwischen Ost und West für sich genutzt.

Indien hat allerdings, und das unterscheidet es von vielen anderen Staaten der Dritten Welt, die finanzielle und wirtschaftliche Hilfe, die es sich auf diese Weise von Ost und West verschafft hat, nicht nur verschwendet, sondern vielfach ganz gezielt für den wirtschaftlichen Aufbau des Landes genutzt. Und wenn das nicht gerade mit Reichtümern der Natur gesegnete Land heute trotz seiner schlechten Ausgangslage wirtschaftlich verhältnismäßig sicher auf eigenen Füßen steht, so dankt es dies nicht nur fremder Hilfe, sondern auch deren kluger Nutzung durch die eigene Regierung.

Trotz eindrucksvoller wirtschaftlicher Erfolge hat Indien den Sprung über die Schwelle zum Wohlstand allerdings bis heute nicht geschafft, sondern befindet sich nach wie vor im »Armenhaus« der Dritten Welt, ist also auf Hilfe von Industriestaaten angewiesen. Eine der Hauptursachen dafür sind die hohen Rüstungsausgaben. Und hier hat die Ost-West-Entspannung groteskerweise die Situation nicht verbessert, sondern im Grunde verschlechtert.

Trotz seiner äußerlich friedfertigen Attitüde ist Indien seit jeher ein militärisch hochgerüsteter Staat. Grund oder Vorwand dafür sind der Großmachtanspruch, die Rivalität zu China und die seit der Staatsgründung anhaltenden Auseinandersetzungen mit Pakistan.

Bis zur Entspannung zwischen Moskau und Washington konnte Indien – wie das benachbarte Pakistan – die Kosten dieser Rüstung in nicht unerheblichem Ausmaß den Großmächten der Ersten oder Zweiten Welt in Rechnung stellen. Islamabad brauchte nur von Washington ein paar Dutzend Flugzeuge zu Sonderpreisen erhalten, schon erhielt Delhi von Moskau das entsprechende, wenn nicht mehr. Und das gleiche galt für die meisten anderen Länder der Dritten Welt. Für Militärstützpunkte, Bündniszusagen oder auch nur politische Sympathieerklärungen waren West und Ost fast immer bereit, Rüstungsausgaben wenigstens zu einem Teil zu finanzieren.

Diese Quelle ist nun weitgehend versiegt. Einmal empfinden beide Großmächte sich gegenseitig nicht mehr als gefährliche Bedrohung und sind daher auf militärische Stützpunkte und Bundesgenossen gegeneinander nicht mehr angewiesen. Zum anderen befinden sich beide heute selbst in erheblichen finanziellen Schwierigkeiten und gehen daher knauseriger mit ihrem Geld um.

Zwar drängt die Rüstungsindustrie in Ost und West, die durch die Ost-West-Entspannung ja einen erheblichen Teil ihrer inländischen Absatzmärkte verloren hat, verstärkt auf ausländische Märkte. Und da bietet sich nach dem zunehmenden Ausfall von Ost und West automatisch die Dritte Welt als Abnehmer an. Das haben die NATO-Verteidigungsminister bei einer Tagung in Schottland im Frühjahr 1990 ganz offen ausgesprochen. Und das belegen auch die gewaltigen Waffenlieferungen der USA in den Nahen Osten.

Aber die Rüstungsfabrikanten liefern ihre Ware nicht umsonst. Sie verlangen Cash. Und das belastet den Haushalt nicht nur in Neu-Delhi, sondern auch in Islamabad und Hanoi, in Djakarta, Riad, Teheran und Ankara. Höhere Rüstungsausgaben bedeuten jedoch weniger Geld für Erziehung und Ausbildung der Bürger, weniger Geld für die wirtschaftliche Entwicklung, weniger Geld für Sozialausgaben. Und das spüren alle Länder Südasiens.

Der Mann sitzt auf einem Holzbrett am Straßenrand außerhalb einer kleinen Stadt im Norden von Sumatra. In einem Pappkarton neben ihm liegen etwas Werkzeug, eine Luftpumpe, ein Fläschchen mit Öl und ein paar Gummistücke zum Flicken von Fahrradschläuchen. Das Ganze ist eine »Fahrradreparaturwerkstatt«. Und ihr Besitzer wartet auf Kunden.
Er ist 34 Jahre alt, verheiratet und hat fünf Kinder. Sie hungern nicht. Denn sein Bruder hat die Tochter eines Bauern geheiratet und gibt ihm jedes Jahr ein Büffelkalb und zwei große Säcke Reis. Aber die Werkstatt bringt wenig ein. Und auch mit dem Reis und dem Fleisch, das sein Bruder ihm gibt, kann nur der notwendigste Bedarf gedeckt werden.
Indonesiens Staatspräsident appelliert immer wieder an die Bürger seines Landes, weniger Kinder in die Welt zu setzen. An der Holztafel vor dem Rathaus klebt ein großes Plakat, das eine »glückliche Familie« zeigt, die aus einem Elternpaar und zwei Kindern besteht. Und eine von der Regierung bezahlte Beraterin berät Frauen wöchentlich einmal kostenlos, wie man die Zahl der Kinder in der Familie beschränken kann. Aber davon will der Mann, der die Fahrräder repariert, nichts wissen.
»Ich bin ein Batak«, hat er der Beraterin erwidert, als diese ihn nach der Geburt des vierten Kindes darauf ansprach, »wir Bataks brauchen viele Kinder, damit wir uns gegen die Fremden wehren können, die die Regierung hierherschickt.«

Seit Jahren bringt das Transmigrasi-Ministerium der Regierung in Djakarta Javaner nach Sumatra, weil es auf Java zu viele Menschen gibt, aber nicht genug Land, um sie zu ernähren. Auf Sumatra aber sei noch genug Platz, sagen die Beamten. Die Fremden erhalten kostenlos Land, das den Bataks gehörte, wie diese behaupten, und Ackergerät und sogar Vieh. Deshalb brauchen die Bataks viele Kinder, sagt der Mann, damit die Fremden sie nicht am Ende aus ihrem Land verdrängen.
Es kommt noch etwas hinzu, was er der Beraterin nicht gesagt hat. Wie die meisten seines Volkes weiß er, daß die Götter, die die Bataks beschützen, in den Menschen, Tieren und Pflanzen leben. Die Javaner aber sind Moslems. Und sie wollen alle zum Glauben an Allah zwingen. Sie wollen die Götter der Bataks vertreiben, damit er und seine Familie und sein Volk ohne ihre Götter schutzlos sind.
Auch deshalb brauchen die Bataks viele Kinder, auch wenn es schwer ist, genug Geld zu verdienen, um sie großzuziehen. Aber sie müssen ein großes und starkes Volk werden, damit sie sich und ihre Götter gegen die Fremden verteidigen können.

Indonesiens Hauptinsel Java gehört mit einer Bevölkerungsdichte von fast 700 Einwohnern pro Quadratkilometer zu den am dichtesten besiedelten Gebieten der Erde. Im ebenfalls zu Südasien gehörigen Bangladesch drängen sich sogar nahezu 800 Menschen auf einem Quadratkilometer. (Zum Vergleich: Holland, eines der dichtestbevölkerten Länder Europas, zählt nur 400 Einwohner pro Quadratkilometer.)
Indonesien ist, im Gegensatz zu Indien, Pakistan und Bangladesch, ein potentiell reiches Land. Auf den etwa 13 000

Inseln finden sich Öl und Zinn, Kautschuk und Holz, Tabak, Tee und Zucker. Überall wächst Reis. Entsprechendes gilt übrigens auch für den ebenfalls zum malaiischen Siedlungsraum gehörenden Nachbarstaat Malaysia. Hier war die Natur verschwenderisch.

»Wer hier einen alten Spazierstock in die Erde steckt, der kann zusehen, wie das trockene Holz ausschlägt und Zweige mit grünen Blättern und Blüten treibt, so fruchtbar ist hier die Erde«, soll der Holländer Cornelius de Houtman begeistert nach Hause berichtet haben, als er 1596 hier landete. Aber wer heute in die indonesische Hauptstadt Djakarta kommt und anschließend durch Java reist, der stößt trotz der vielen Rohstoffe und der grünen Reisfelder nicht nur in den Elendsvierteln der Städte, sondern auch in den Dörfern auf Armut, Not und Hunger.

Grund ist die ständig steigende Zahl der Bewohner. 1930 zählte das Inselreich gerade 50 Millionen Einwohner. 1986 waren es bereits 166 Millionen. Und noch vor der Jahrhundertwende werden es über 200 Millionen sein.

Das rasante Bevölkerungswachstum ist eines der schwersten Probleme überall in der Dritten Welt. Hunger, soziale Unruhen, Aufstände, Putschversuche, kriegerische Auseinandersetzungen wie überhöhte Rüstungsausgaben gehören zu seinen Folgen. Und sie werden in Südasien besonders deutlich sichtbar. Hier werden auch einige Ursachen der trotz aller Warnungen und Kontrollmaßnahmen nach wie vor immens hohen Kinderzahl der Bewohner klar erkennbar. Zu ihnen gehören neben der überall in der Dritten Welt fehlenden sozialen Sicherheit der Menschen Stammesrivalitäten sowie religiöse Gegensätze.

Wie die Bataks in Indonesien, so sehen die Shan in Burma,

die Tamilen auf Sri Lanka oder die Kurden im Irak und Iran die beste Garantie für das Überleben ihrer Volksgruppe in einer hohen Kinderzahl. Und wenn eine Zentralregierung sich bemüht, das Bevölkerungswachstum zu kontrollieren und die Kinderzahl durch Verordnungen einzuschränken, betrachten sie das in erster Linie als Versuch der regierenden Bevölkerungsmehrheit, die Minderheiten im Staat zahlenmäßig zu schwächen und dadurch ihre schrittweise Eliminierung vorzubereiten.
Wie sehr solche Befürchtungen eine Rolle spielen, hat schon der Bürgerkrieg in Malaysia zwischen den beiden großen Bevölkerungsgruppen der Malaien und Chinesen in den fünfziger Jahren gezeigt. Die blutigen Kämpfe und die daraus resultierenden wirtschaftlichen Schwierigkeiten in der damaligen britischen Kolonie führten bei beiden Volksgruppen nicht etwa zu einem Rückgang, sondern zu einem Ansteigen der Kinderzahl. Weil beide, bewußt oder unbewußt, von dem Wunsch besessen waren, sich zumindest zahlenmäßig von dem Rivalen nicht »auspunkten« zu lassen.
In Lateinamerika hat der von den europäischen »Entdekkern« des Kontinents begangene Völkermord die Indios ihrer inneren Widerstandskraft fast völlig beraubt, so daß sie heute weder Überlebenskraft noch Überlebenshoffnung besitzen und sich fast ohne Gegenwehr in ihre nach wie vor fortgesetzte Ausmerzung ergeben. Afrika auf der anderen Seite bietet trotz dramatisch steigender Bevölkerungszahl noch immer genügend Raum für Menschen; die Angst vor einer Eliminierung durch konkurrierende Nachbarn spielt daher nur in wenigen Ausnahmegebieten (z. B. Ruanda und Burundi) eine Rolle. In Südasien dagegen spielen solche Befürchtungen eine sehr große Rolle,

weil hier kulturelle Traditionen in den einzelnen Volksgruppen noch sehr lebendig sind und die Menschen daher mit allen Mitteln versuchen, sie zu erhalten und zu verteidigen.
Sprachunterschiede verschärfen völkische Stammesrivalitäten. Sie wurden zum Beispiel zum Auslöser für das Auseinanderbrechen des ursprünglich aus zwei Teilen bestehenden pakistanischen Staates – der Westteil bestand auf Urdu, der Ostteil auf Bengalisch als Amtssprache im Staat. Der indonesische Staatsgründer Achmed Sukarno überwand die für seinen Staat besonders akute Gefahr durch Schaffung einer für alle gültigen und, weil für alle verständlich, auch von allen akzeptierten eigenen Staatssprache, der »Bahasa Indonesi« – eine große, bis heute nur ungenügend gewürdigte staatsmännische Leistung.
Indien umging das Sprachenproblem bisher durch Beibehaltung des Englischen als einer zwar fremden, aber dafür von fast allen verstandenen Zweitsprache. Neuerdings fordern die Hindus immer lauter, Englisch durch Hindi zu ersetzen. Dies stößt jedoch auf erheblichen Widerstand in den Teilen des Landes, deren Bewohner Hindi weder sprechen noch verstehen, und bedroht daher, wenn die Hindus an ihrer Forderung festhalten, den Zusammenhalt des Staates.
Zur völkischen Rivalität kommen religiöse Gegensätze. Musterbeispiel dafür ist die permanente Auseinandersetzung zwischen Indien und Pakistan. Politische Existenzgrundlage des pakistanischen Staates ist ausschließlich der Islam. Ohne seine Religion, die den Staat notdürftig zusammenhält, wäre Pakistan überflüssig, gäbe es keinen Grund für seine Existenz. Der fast ausschließlich religiös motivierte Haß zwischen den beiden miteinander verfein-

deten Nachbarvölkern Indiens und Pakistans führt aber nicht nur zu immer neuen Überfällen, Kämpfen und überhöhten Rüstungsausgaben, sondern gleichzeitig auch zu einer trotz unzureichender Ressourcen ständig weitersteigenden Bevölkerungszahl.

Bei einem Aufenthalt in Islamabad Mitte der achtziger Jahre erklärte mir ein Staatssekretär im pakistanischen Innenministerium auf meine Frage nach den Gründen für die geringen Erfolge der auch von der UNO so dringend empfohlenen Maßnahmen zur Geburtenkontrolle: »Wir können uns eine Geburtenbeschränkung einfach nicht leisten. Pakistan hat kaum 100 Millionen Einwohner, Indien dagegen über 800 Millionen. Deshalb brauchen wir Soldaten, um die Gläubigen vor der Übermacht der Ungläubigen zu schützen.«

Wer einmal nur ein paar Stunden lang durch die Straßen von Karatschi oder Djakarta, von Kalkutta, Bangkok, Manila oder Bombay gegangen ist, der sieht nicht nur, sondern der fühlt, hört, spürt bei jedem Schritt das zentrale Problem Südasiens: die ständig wachsende, nicht mehr zu ernährende und auch kaum noch zu behausende Masse der Menschen. Unter ihr leiden zwar auch die beiden anderen Kontinente der Dritten Welt. Aber Afrika wie Lateinamerika verfügen über erhebliche, bisher nur noch nicht genutzte Reserven, die man aktivieren, die man nutzen kann. Südasien dagegen, das ist jedenfalls mein Eindruck, ist schon heute überfüllt.

Trotz aller Bemühungen um eine Beschränkung der Geburtenzahl von seiten der UNO und der meisten Regierungen, die an Ort und Stelle gelegentlich sogar von einigen Kirchen, wenn auch meist nur in Form passiver Duldung, unterstützt werden, ist ein Erfolg bisher nicht zu verzeichnen. Die Errungenschaften der modernen Medizin verlängern laufend das menschliche Leben, inzwischen auch in abgelegenen Teilen der Welt. Die Kindersterblichkeit sinkt. Aber die Bewohner der Dritten Welt drosseln ihre Kinderzahl kaum, sondern setzen fast überall genauso viele Kinder wie früher in die Welt und verhindern damit eine materielle Besserung ihres armseligen Lebens.

Ursache dafür ist nicht Unkenntnis, wie in westlichen Industriestaaten oft behauptet wird. Stammesrivalitäten und religiöse Gegensätze spielen zwar eine Rolle, sind aber nicht entscheidend. Entscheidende Ursache der nach wie vor wachsenden Bevölkerungszunahme ist vielmehr die soziale Schutzlosigkeit der Masse der Armen.

Ein hoher Beamter in Bonn hat mir bei einem Gespräch über das besonders dramatische Bevölkerungswachstum im ohnehin übervölkerten Bangladesch einmal ärgerlich erklärt: »Die Sturheit dieser Leute ist einfach nicht zu fassen. Da schicken wir für viel Geld Experten runter, die ihnen erklären, daß ihr Land mehr Menschen nicht ernähren kann! Da schicken wir ihnen für Millionen Mark Pillen, Kondome und sonstige Mittel zur Geburtenverhütung! Und was machen die? Sie setzen weiter pausenlos Kinder in die Welt!«

Ich war versucht, ihn nach der Höhe seiner Pension zu fragen. Aber ich habe es nicht getan. Denn es geht nicht um die Höhe, sondern es geht um das Vorhandensein oder, richtiger, um das Fehlen einer Alterssicherung überhaupt. Wenn in Indien oder Pakistan, in Thailand oder Indonesien, in Laos oder Jordanien oder im Iran Menschen alt werden und nicht mehr arbeiten können, dann bekommen sie keine Pension und keine Rente wie in Deutschland oder Frankreich oder Großbritannien. Sondern ihre Alterssicherung besteht ausschließlich in ihrer Familie, in ihren Kindern. Auf die sind sie angewiesen, wenn sie nicht betteln gehen oder verhungern wollen. Und in erster Linie deshalb setzen sie nach wie vor so viele Kinder in die Welt – um sich im Alter vor Not zu schützen.

Zwar hat der medizinische Fortschritt auch in der Dritten Welt dafür gesorgt, daß die Menschen nicht mehr wie früher sechs bis acht Kinder haben müssen, um sicher zu sein, daß wenigstens ein Sohn am Leben ist, der für sie sorgt, wenn sie alt sind. Aber solche Erkenntnisse setzen sich gerade bei armen Menschen meist nur sehr langsam durch. Denn sie sind es gewohnt, ausgenutzt und belogen zu werden. Sie sind daher häufig mißtrauisch und nur schwer für Neuerungen zu gewinnen.

Das für die gesamte Dritte Welt, vor allem aber für Südasien, existenzgefährdende Problem der Übervölkerung ist deshalb nicht durch Appelle, Moralpredigten oder mit materieller Hilfe versüßter Überredungsversuche von seiten der reichen Industriestaaten zu lösen – dafür haben diese sich in den vergangenen Jahrhunderten in der Dritten Welt allzu häufig unglaubwürdig gemacht –, sondern nur durch Schaffung einer Alterssicherung für die Menschen dort, die Kinder für diesen Zweck überflüssig macht. Die Frage, in welcher Form das geschehen kann, wird in einem späteren Kapitel des Buches erörtert.

Das Zimmer liegt im Halbdunkel. Die Jalousie ist heruntergelassen. Gelegentlich ertönt von draußen das flache Klacken ferner Schüsse. Einmal läßt eine Explosion die Reste des fünfstöckigen Gebäudes in seinen Grundfesten erbeben. Der Hausherr greift nach der Thermosflasche, um Kaffee nachzuschenken. Über sein müdes Gesicht huscht ein resigniertes Lächeln.

»Das war drüben, auf der anderen Seite. Das hören wir gar nicht mehr. Die schießen seit so vielen Jahren. Dabei ist die Stadt doch längst zerstört. Und sie war mal so schön.«
Er ist Arzt. Er hat Beirut nicht verlassen wie so viele seiner Kollegen. Er ist geblieben. Auf meine Frage nach dem Grund dafür hat er nur die Achseln gezuckt. Seine alte Mutter wollte nicht fort, weil sie immer noch glaubte, daß die Zerstörung doch einmal aufhören müsse. Und auch er träumt wohl noch immer von einer Zukunft mit einer Chance für die Araber.
Wir reden eine Stunde lang über diesen Traum. Über die Hoffnung und die Möglichkeiten, die aber wohl doch nur ein Traum sind. Ein Traum von der Einigkeit und einer gemeinsamen Zukunft in Wohlstand.
Sie sind 130 Millionen, ihnen gehört ein Drittel, vielleicht sogar die Hälfte aller Ölreserven der Welt, sie glauben, gemeinsam mit ihren Nachbarn im Iran und in Afghanistan und im ganzen Norden des benachbarten Afrika an denselben Gott, sie könnten den ganzen Süden des Mittelmeers kontrollieren und für gemeinsamen friedlichen Wohlstand für alle nützen, wenn ...
»Wenn wir uns einigen würden. Aber dazu sind wir offenbar nicht in der Lage. 130 Millionen Menschen! Aber fünf Millionen Israelis führen uns an der Nase herum! Nur weil wir uns nicht einigen können!«
Er schraubt erneut die Thermosflasche auf, aber sie ist leer. Abermals erschüttert eine ferne Explosion die Fundamente des Hauses. Er schiebt seine Kaffeetasse zur Seite.
»Stellen Sie sich mal vor, was wir erreichen könnten, wenn wir uns einigten. Wir könnten alle in Wohlstand leben. Und in Frieden ...«

70 Millionen Araber leben auf der Arabischen Halbinsel im Westen Südasiens. Dazu kommen 55 Millionen Ägypter und 60 Millionen arabische Nordafrikaner im Maghreb. Östlich vom Persischen Golf, unmittelbar an die Arabische Halbinsel anschließend, liegt der Iran, der ebenfalls über erhebliche Ölmengen verfügt, mit 50 Millionen Einwohnern, die – das ist wichtig – genau wie die Araber den Geboten Allahs folgen. Das ist fast eine Viertelmilliarde Menschen – Afghanistan, die Türkei und den Sudan nicht gerechnet – mit einer der wichtigsten Energiequellen in ihren Händen.

Aber trotz seiner Menschenzahl und seiner wirtschaftlichen Ressourcen spielt der Westen Südasiens bis heute politisch kaum eine aktive Rolle, sondern ist weitgehend bloßes Objekt der Weltpolitik. Und trotz seines potentiellen Reichtums sind breite Schichten seiner Bevölkerung erschreckend arm. Die Folge davon sind pausenlose politische, auch militärische Reibereien zwischen Nachbarn und »Brüdern«, ist eine Kette blutiger Machtkämpfe und Umstürze in den einzelnen Staaten.

Ursache dafür ist einmal die ungleiche Verteilung des Ölreichtums auf die einzelnen Länder – Saudi-Arabien etwa hat viel, Jordanien überhaupt kein Öl. Eine wichtige Rolle spielen ferner die unterschiedlichen politischen Strukturen der einzelnen Staaten. Ultrakonservative Monarchien grenzen an sozialistische Volksdemokratien. Und die konservativen Herrscher der reichen Ölstaaten fürchten naturgemäß die revolutionären Parolen aus jenen Ländern, in denen Könige, Emire und Scheichs von den Massen der Armen bereits verjagt wurden. Das Band der Religion aber reicht – bisher jedenfalls – nicht aus, um die Streitigkeiten zu überwinden.

Dies könnte sich allerdings ändern. Und zwar unter anderem als Folge der Ost-West-Entspannung. Im Zuge ihres Machtkampfs hatten Ost und West nämlich die Spannungen und die Rivalitäten zwischen den arabischen Staaten systematisch für ihre eigenen Zwecke ausgenutzt und angeheizt. So unterstützte der Westen den Iran, solange der Schah dort regierte, und das konservative saudiarabische Königreich. Der Osten dagegen half der Volksdemokratie Syrien und bewaffnete den Irak.
Die Entspannung zwischen Washington und Moskau und die wirtschaftliche Schwäche der Sowjetunion haben diese Situation von Grund auf verändert. Heute bestimmt im wesentlichen der Westen die militärische, wirtschaftliche und politische Entwicklung des arabischen Raumes. Und das könnte, zumindest auf mittlere Sicht, eine Überwindung der innerarabischen Streitigkeiten zur Folge haben. Nicht auf Wunsch, auf Veranlassung oder gar unter dem Druck des Westens, sondern als Reaktion gegen ihn. Der fast überall in den arabischen Ländern erstarkende islamische Fundamentalismus ist ein erstes Zeichen dafür.
Nach Ende des Zweiten Weltkrieges übernahmen die Araber vielerorts westliche Technik und westliche Lebensformen, um mit deren Hilfe in einem dramatischen Befreiungsschlag die europäischen Kolonialmächte aus ihren Ländern zu vertreiben und sich selbst gleichzeitig als ebenbürtige und einflußreiche Teilhaber im weltpolitischen Machthandel zu etablieren.
Aber dazu kam es nicht. Die Kolonialmächte zogen vielmehr freiwillig ab. Und die Araber blieben, verunsichert, gespalten, ohne Zielvorstellung und ohne Leitfigur, trotz der vom Westen übernommenen Technik politisch macht- und einflußlos. Das löste in weiten arabischen Kreisen tiefe

Enttäuschung aus. Die seitdem immer lauter werdende Parole einer Rückkehr zu den Grundsätzen der reinen islamischen Lehre ist die Reaktion, ist die Antwort auf die durch das Versagen westlicher Erfolgsrezepte ausgelöste Frustration.

Inzwischen kehrt der Westen – so erscheint es jedenfalls vielen Arabern – unter nur schwach veränderten Vorzeichen zum alten Kolonialsystem zurück. Er macht jetzt nicht offen eigene Herrschaftsansprüche geltend, sondern tritt als Helfer und Beschützer der ihm gefälligen oder hörigen arabischen Herrscherhäuser auf. Und da es einen östlichen Gegenspieler nicht mehr gibt, den man, wie Nasser es einst tat, gegen die Machtbestrebungen des Westens benutzen könnte, bleibt nur eine bewußte Rückwendung zur eigenen Kultur und Zivilisation des Islam.

Ob es zu einer solchen, vorerst nur in Umrissen sich andeutenden Entwicklung tatsächlich kommt, ist nicht abzusehen. Aber die Möglichkeit dafür besteht. Und spektakuläre militärische oder auch nur politische Erfolge des Westens auf der Arabischen Halbinsel würden die Aussichten dafür vermutlich nicht verringern, sondern eher verstärken. Denn gerade solche westlichen Erfolge erwekken bei vielen Arabern den Eindruck eines westlichen Neokolonialismus in ihrem ölreichen Gebiet.

Seit dem zumindest zeitweiligen Rückzug der Sowjetunion aus der aktiven Großmachtpolitik bleibt den Betroffenen kaum eine andere Möglichkeit als die einer Rückbesinnung auf die eigenen Kräfte und Traditionen, wenn sie sich nicht mit einem erneuten Kolonialstatus abfinden wollen. Und das heißt Hinwendung zur Religion, zum Islam.

Mitteleuropäern mag eine solche Entwicklung unzeitge-

mäß und daher unwahrscheinlich erscheinen. Religion spielt bei uns in der Politik kaum noch eine Rolle. Aber in Südasien übt die Religion noch heute einen starken Einfluß auf das politische Denken und Verhalten der Menschen aus.
Mit Pakistan, Bangladesch und Indonesien befinden sich drei große Staaten in dieser Region, in denen die – islamische – Religion einen der Grundpfeiler der Staatsexistenz und des Staatsbewußtseins bildet. Sollte die sich vielerorts andeutende Entwicklung zu einem wachsenden Einfluß der Religion auf die Politik anhalten, sind die Folgen davon für ganz Südasien gar nicht abzusehen.

Auf der Gipfelkonferenz der Blockfreien 1961 in Belgrad hatte der indische Ministerpräsident Jawaharlal Nehru in seiner Rede die Großmächte wegen ihres politischen Verhaltens scharf kritisiert. Als ihn ein amerikanischer Journalist daraufhin fragte, ob es für den Regierungschef eines farbigen und noch dazu blutarmen und auf fremde Hilfe angewiesenen Staates nicht etwas anmaßend sei, den Weltmächten Zensuren zu erteilen, erwiderte der Inder mit unüberhörbarem Hochmut in der Stimme: »Ich spreche hier für Asien. Asien ist der größte Kontinent unserer Welt. Und unsere Kultur ist älter als die aller anderen Kontinente.«
Asien ist jedoch zweigeteilt. Und der nichtkommunistische Süden hat vier Jahrzehnte lang weitgehend vom Ost-West-Konflikt, vom Ausspielen der Sowjets gegen die US-Amerikaner und umgekehrt gelebt. Aber dieses Spiel ist zu Ende. Washington und Moskau kämpfen nicht mehr um die Weltherrschaft. Daher brauchen sie keine Militärstützpunkte in anderen Kontinenten und keine Stimmen in der

UNO mehr. Und deshalb sparen sie ihr Geld für sich selber.

Noch sind Restkonflikte übriggeblieben: der Kampf Chinas um die Beherrschung Kambodschas; das Festhalten der USA an ihrer Herrschaft über die Philippinen, die geographisch wie ethnisch zum asiatischen Siedlungsraum der Malaien gehören; der zögernde Rückzug der Sozialisten aus ihren Positionen in Burma und Vietnam und ihre Angst vor dem, was der siegreiche Kapitalismus der Reichen den Armen bringen wird. Hinzu kommen die sich in Umrissen abzeichnenden neuen Konflikte zwischen Moslems und Hindus, zwischen den kleinen ethnischen und religiösen Minderheiten und dem Expansionsdrang der Großen innerhalb des Kontinents.

Vor allem aber wächst das Ressentiment der Armen, die im Süden leben, gegenüber den Reichen im Norden. Der Haß der Ausgebeuteten gegen ihre Ausbeuter, denen es nur um die Maximierung ihrer eigenen Gewinne geht, obwohl sie längst so satt sind, daß sie nichts mehr benötigen. Die Bitterkeit der Machtlosen gegenüber den Mächtigen, die ständig von ihrer Verantwortung für die ganze Welt und deren Bewohner schwatzen, aber bei ihrem Handeln stets nur den eigenen Vorteil im Auge haben.

Es ist müßig, darüber zu rechten, wieviel Schuld an ihrer Armut die Armen selber tragen. Ohne Zweifel steigern hohe Rüstungsausgaben, Korruption, Herrschsucht der neuen Eliten, Rivalität zwischen Nachbarn wie religiöse Rechthaberei die Armut der Menschen, anstatt sie abzubauen. Aber beseitigen können die Armut angesichts ihres Ausmaßes nur die Reichen. Nur der Überfluß, den sie täglich verschwenden, reicht dafür aus.

Aber daran sind sie nicht interessiert. Denn das würde den

»american way of life« beeinträchtigen, wie Präsident Bush es formuliert hat. Das würde sie daran hindern, die Rohstoffe der Dritten Welt für luftverpestende Abgase, die Ozonschicht zerstörende Stoffe und täglich wachsende Verpackungs-Müllberge zu vergeuden. Und dazu sind sie nicht bereit. Denn das würde ja auch noch ihren Profit schmälern.

An ideologischen Auseinandersetzungen, wohlmeinenden Parolen und Sparmaßnahmen zu Lasten der Hungrigen mit dem Ziel, die Zinsen für die Darlehen der Reichen aufzubringen, sind die armen Bewohner Südasiens nicht interessiert. Sie haben Hunger. Sie wollen satt werden. Und sie sind es müde, ständig gute Ratschläge und Verhaltensvorschriften vom Tisch der Satten zu hören. ◀

3 ■ DIE NEUE POLITISCHE ENTWICKLUNG

Das Ende der Blockfreiheit

■ Julius zuckt die Achseln und legt resigniert die Zange beiseite. Es kommt kein Wasser. Dicke Schweißtropfen rinnen über seinen nackten schwarzen Oberkörper. Vor zwei Wochen haben die Dorfbewohner ihn aus der nahen Kleinstadt gerufen, weil der Tiefbrunnen, den sie vor Jahren mit deutscher Entwicklungshilfe gebohrt haben, kein Wasser mehr gab. Er ist gekommen, so rasch er eine Transportmöglichkeit fand. Denn Transport zu finden ist schwierig. Die meisten Lastwagen im Land sind alt. Und Treibstoff ist knapp und teuer.

Schließlich hat der Onkel eines Freundes, der für eine Genossenschaft fährt, ihn mitgenommen. Er hat ihm dafür einen alten Transistorapparat geschenkt, der schon lange nicht mehr funktionierte. Der Onkel seines Freundes wird versuchen, ihn reparieren zu lassen und dann gegen Öl einzutauschen. Früher hätte keiner so ein kaputtes Gerät auch nur angeguckt. Aber heute wird in Tansania alles aufgehoben und repariert. Denn Neues gibt es kaum.

Aber das Opfer war umsonst. Dem Brunnen fehlt eine Dichtung. Ein kleines, mit Hartgummi verschweißtes Stück Metall. Nicht sonderlich teuer, aber in Tansania kaum noch zu bekommen. Denn so etwas kostet Devisen. Und Devisen hat Tansania nicht.
Früher haben in solchen Fällen meist die Deutschen geholfen. Schließlich war Tansania einmal deutsche Kolonie. Damals hieß es Deutsch-Ostafrika. Und die Erinnerung an jene Zeit ist hier bis heute lebendig geblieben. Es gibt sogar ein paar alte Männer, die noch Deutsch sprechen und die sich freuen, wenn sie einem Deutschen begegnen.
Die Deutschen waren damals zwar Kolonialherren und haben jeden ins Gefängnis gesperrt, der etwas tat, was sie verboten hatten. Aber dafür wußten sie immer, was man tun mußte, wenn es Schwierigkeiten gab. Ihm ist das natürlich nie passiert. Er ist zu jung dazu. Aber der Vater seines Onkels hat ihm oft davon erzählt. Der hat es selber noch erlebt.
Deshalb haben sie sich hier auch meistens zuerst an die Deutschen gewandt, wenn es irgendwo Schwierigkeiten gab. Entweder an die aus dem Westen oder an die aus dem Osten. Manchmal mußte man ein bißchen betteln, notfalls auch vorsichtig andeuten, daß man, wenn die einen nicht helfen, zu den anderen gehen würde. Das nützte fast immer. Aber seit die in Europa sich geeinigt haben, bekommt man von dort kaum noch etwas.
Es ist elf Uhr vormittags. Die Sonne hämmert wie mit Fäusten auf den gelbgrauen Sand. Im Schatten einiger Palmen am Dorfrand stehen zwei Dutzend Rinder. Wenn es nicht gelingt, den Brunnen wieder in Betrieb zu setzen, werden die Bauern die Tiere schlachten müssen.
Er packt sein Werkzeug zusammen und macht sich auf den

Weg zurück ins Dorf. Er hat bei den Deutschen gelernt. Auf einer Handwerksschule bei Daressalam. Er war gerne dort. Die Lehrer waren zwar streng, aber sie haben ihm viel beigebracht. Wenn er dort nicht gelernt hätte, wäre er heute wahrscheinlich arbeitslos und könnte seine Frau und seine Tochter nicht ernähren. Aber daß die Deutschen Tansania nicht mehr helfen, enttäuscht ihn. Denn daß sie kein Geld dafür haben, glaubt er nicht. Wer so reich ist wie die Deutschen, hat bestimmt genug Geld, um den armen Afrikanern zu helfen – wenn er das wirklich will.
Vielleicht liegt es daran, daß Tansania nicht die richtige Politik betreibt. Vielleicht hätte Mwalimu, der frühere Präsident Julius Nyerere, nach dem seine Eltern ihn getauft haben, die Politik so machen sollen, wie die Deutschen in Bonn das wollten. Einer seiner deutschen Lehrer auf der Handwerksschule hat das einmal gesagt, daß die Politik von Mwalimu falsch ist, daß man so regieren muß, wie die Regierung in Bonn das tut, dann würde die Bundesrepublik Tansania viel mehr helfen.
Mwalimu wollte den Armen helfen. Und der Bürgermeister sagt, was die Deutschen in Bonn und die Engländer und die Amerikaner machen, das hilft nur den Reichen. Aber wenn die Deutschen und die Amerikaner das verlangen, muß man es vielleicht trotzdem tun, damit sie Tansania wieder helfen. Denn sie sind heute offenbar die einzigen, die Geld haben und die mächtig sind.

Die Maschine startet mit über einer Stunde Verspätung. Der Mann neben mir flucht. Es ist jedesmal dasselbe, knurrt er, zwei Stunden vor dem planmäßigen Abflug muß man am Flugplatz sein, und mit anderthalb Stunden Verspätung startet die Maschine dann schließlich.

Die Lichter von Kinschasa bleiben zurück und verschwinden schließlich im Dunkel. Der Mann neben mir lehnt sich in seinem Sitz zurück und zündet sich eine Zigarette an. Er ist Deutscher und arbeitet in Zaire. Bei einer deutschen Baufirma. Beim Straßenbau. Als Werkstattleiter. Er ist auf dem Weg in den Urlaub.
Die Firma baut eine Autobahn. Quer durch den Regenwald, das größte Klimabiotop Zentralafrikas. Der Bau wird zu einem erheblichen Teil aus Mitteln deutscher Entwicklungshilfe finanziert. Natürlich werden Zehntausende von Hektar Wald bei den Bauarbeiten vernichtet, das bestreitet er nicht. Aber das läßt sich beim Einsatz der Maschinen, beim Bau der Zufahrtswege und bei der Anlage der Camps nicht vermeiden.
Wenn es beim Bau der Straße allein bliebe, wachse das jedoch alles wieder zu, behauptet er. Das Schlimme sei das, was danach passiere. »Dann kommen die Schwarzen und brennen den Wald weiter runter, um ihren Mais und ihre Yamwurzeln anzupflanzen, und dann bauen sie ihre Hütten und hauen noch mehr Wald runter, und wenn auf dem gerodeten Land nach zwei oder drei Jahren nichts mehr wächst, dann roden sie weiter. Da liegt das Problem.«
Wofür die Straße nötig ist, weiß er nicht. Wo sie hinführt, da soll es angeblich Gold oder Erz oder Uran oder Öl geben, das hat man ihnen jedenfalls gesagt. Ihm ist das auch egal. Er hat da seine Arbeit, und er wird anständig bezahlt. In D-Mark natürlich. Schließlich zahlt Bonn ja dafür.
Auf meine Frage, warum Bonn den Bau so einer Straße finanziert, wo wir doch sonst überall sparen, weil wir das Geld für die ehemalige DDR und die Länder in Ostdeutschland brauchen, erwidert er achselzuckend, das Geld gehe doch in der Hauptsache schließlich an eine

deutsche Firma. Und mein weiterer Hinweis auf die ökologische Fragwürdigkeit des Projekts wie auf die notorische Korruption und das diktatorische Regime des Präsidenten von Zaire trägt mir zunächst einen mißtrauischen Blick und dann ein Kopfschütteln ein. »Natürlich ist Mobutu ein Gauner. Und nicht nur ein Gauner, sondern ein Verbrecher. Der hat Milliarden in der Schweiz, das weiß jeder. Und wer darüber redet, den läßt er umbringen.«

In seinem Camp war einmal einer von der deutschen Botschaft, der hat einen Vortrag gehalten über Zaire. Den haben sie natürlich gefragt, warum Bonn den Kerlen hier soviel Geld gibt. Da hat er gesagt, die waren politisch immer auf der Seite des Westens, deshalb müsse man denen auch jetzt weiterhelfen.

Mein Nachbar drückt seine Zigarette aus und klingelt nach der Stewardeß, um sich einen Cognac zu bestellen. Das mit der Politik ist seiner Ansicht nach nur eine Ausrede. Moskau spielt politisch doch keine Rolle mehr.

»Aber der Mobutu ist ein gerissener Hund. Der hat sich von Anfang an auf unsere Seite gestellt, und das macht er weiter. Der läßt uns hier verdienen, dafür kriegt er von uns Geld, und wenn er seine Leute umbringen läßt, kümmert sich keiner darum. Man muß sich eben anpassen. Das ist nun mal so beim Geschäft.«

Die politische Entspannung zwischen Ost und West und die darauf folgende Auflösung der Blöcke bedeutet zwangsläufig das Ende der Blockfreiheit. Denn wenn Blöcke nicht mehr existieren, kann es auch keine Blockfreiheit mehr geben.

Nachdem Ost und West einander nicht mehr bekämpfen

und auch politisch nicht mehr miteinander rivalisieren, können Staaten der Dritten Welt sie nicht mehr gegeneinander ausspielen. Nehrus Politik der Blockfreiheit, von der die meisten Staaten der drei südlichen Kontinente jahrzehntelang profitiert, mit deren Hilfe viele von ihnen wirtschaftlich und gelegentlich auch politisch überlebt haben, hat ihre Grundlage verloren. Einen Gegensatz, der nicht mehr besteht, kann man nicht ausnutzen.
Hauptgewinner der Entspannung ist der Westen. Der Wegfall der östlichen Bedrohung erspart ihm Milliarden Dollar, Pfund, Mark an Verteidigungskosten. Das früher für die Rüstung ausgegebene Geld kann nun – falls die internationale Rüstungslobby das nicht verhindert – für andere Zwecke eingesetzt werden.
Allerdings brauchen die Staaten Osteuropas einschließlich der ehemaligen DDR und der Sowjetunion viel Geld für den Umbau und den Neuaufbau ihrer Wirtschaft. Aber im Gegensatz zu Rüstungsausgaben sind wirtschaftliche Investitionen meist nicht nur für den Empfänger, sondern auch für den Geber profitabel. Die militärische und politische Entspannung dürften sich deshalb für den Westen auch wirtschaftlich als durchaus rentabel erweisen.
Die Länder der Dritten Welt dagegen verlieren damit die Möglichkeit, durch geschicktes Jonglieren zwischen der Ersten und der Zweiten Welt die Industriestaaten zu finanzieller Unterstützung zu zwingen. Man hat das im Westen oft als »Erpressung« verurteilt. Aber hat sich die Bundesrepublik denn anders verhalten, als sie im Zuge der Hallstein-Doktrin bis Ende der sechziger Jahre junge Staaten der Dritten Welt nur unter der Bedingung anerkannte und ihnen wirtschaftlich half, daß diese der DDR ihre völkerrechtliche Anerkennung versagten?

Nach Auflösung der Blöcke haben die reichen westlichen Industriestaaten jetzt die Möglichkeit, sich auszusuchen, wem sie helfen wollen und wem nicht. Im Bonner Ministerium für wirtschaftliche Zusammenarbeit macht man daraus auch gar keinen Hehl. Damit zwingt man die armen Länder der Dritten Welt, sich den Wünschen der Reichen zu fügen, ohne Rücksicht darauf, ob dies ihren Wünschen und Vorstellungen entspricht. Man macht sie politisch abhängig, jedenfalls abhängiger, als sie es bisher waren, als sie wenigstens zwischen zwei einander befehdenden Rivalen und ihren Ideologien und Parolen wählen konnten.
Die zunehmende Abhängigkeit der Dritten Welt vom Westen wird am deutlichsten in Lateinamerika sichtbar. Solange Moskau seine schützende Hand über Fidel Castro hielt, war Kuba vor einer Invasion der USA sicher. Und solange die Sowjetunion Kuba durch Lieferung billigen Öls unterstützte, überlebte die Zuckerinsel den brutalen Handelsboykott der USA, und Castro konnte dem restlichen Kontinent die Errungenschaften seiner sozialen Reformen – Krankenversorgung, Beseitigung der Wohnungsnot, Überwindung des Analphabetentums, Altersfürsorge – als sichtbare Erfolge präsentieren.
Nach dem Wegfall der östlichen Unterstützung ist Kuba den USA politisch wie auch militärisch ohne jede Rückendeckung ausgeliefert. Und die Bewohner der Insel, deren Wirtschaft bis Ende der fünfziger Jahre dank der von Washington ausgehaltenen Diktatur Batistas völlig einseitig auf intensivste Handelsbeziehungen zu den USA ausgerichtet und damit von diesen abhängig war, können in Zukunft nur entweder sich erneut dem kapitalistischen System anpassen und den Befehlen Washingtons fügen, oder sie werden langsam, aber sicher verhungern.

Die veränderte Situation trifft jedoch nicht nur Kuba selbst, sondern den ganzen Kontinent. Mit der zunehmenden Abhängigkeit von den USA und der dadurch bedingten zunehmenden wirtschaftlichen Verarmung verliert Kuba seinen Charakter eines zumindest auf sozialem Gebiet erfolgreichen Modells für die Völker Lateinamerikas. Und die ansonsten fast überall herrschenden reichen Oligarchien brauchen Havanna als möglicherweise gefährliches Vorbild nun nicht mehr zu fürchten.

Das bedeutet: Die ohnehin nur geringe, weil weitgehend auf der Angst vor einer Fernwirkung des kubanischen Modells beruhende Reformbereitschaft der herrschenden lateinamerikanischen Oligarchien verliert mit der wachsenden Verarmung und Abhängigkeit Kubas von Washington ihr Hauptmotiv. Den Armen bleibt in ihren eigenen Ländern jetzt nur noch ein Aufstand ohne Vorbild und ohne ausländische Unterstützung. Dessen Aussichten sind jedoch gering, vor allem, wenn sich die herrschenden Regimes durch eine noch engere Anlehnung an die USA absichern. Und die zu erreichen ist leicht. Wer sich auf die Prinzipien des kapitalistischen Westens einschwören läßt, dem liefert Washington bereitwillig Waffen, Geld und politische Rückendeckung, ohne nach der Verwendung zu fragen.

Voraussetzung dafür ist lediglich ein Verzicht auf soziale Reformen. Und der entspricht durchaus den Interessen der regierenden Reichen, da soziale Reformen nur ihre Profite schmälern würden. Daß eine noch engere einseitige Anlehnung an die USA die Staaten Lateinamerikas noch abhängiger von Washington macht, als sie es bisher schon sind, stört die dort Regierenden ebenfalls nicht, solange sie damit nur ihre Herrschaft und ihre Profite sichern.

In den übrigen Staaten der Dritten Welt zeichnet sich die gleiche Entwicklung ab, wenn auch nicht ganz so deutlich. In Afrika sind ehemals sozialistisch orientierte Staaten wie Äthiopien, Angola, Mosambik erkennbar bemüht, wirtschaftlich wie politisch auf marktwirtschaftlichen oder, richtiger, kapitalistischen Kurs umzuschwenken, um auf diese Weise an den Geldhahn zu kommen. Auch betont blockfreie Länder, die sich bisher von beiden Großmächten in gleicher Weise distanziert hatten, wie etwa Tansania, vollziehen solche Kurskorrekturen, behutsam, mit demselben Ziel.

Ob eine solche Korrektur den wirtschaftlichen und sozialen Strukturen dieser Länder entspricht und nützt, wird kaum irgendwo überprüft. Die meisten afrikanischen Staaten sind arm. Millionen Menschen hungern. Und fast alle Regierungen hier glauben, ihre Völker nur mit ausländischer Hilfe ernähren und zu einem wenigstens bescheidenen Wohlstand führen zu können. Da aber nach dem wirtschaftlichen Kollaps des Ostens nur der Westen über finanzielle Mittel verfügt und da die meisten westlichen Regierungen, besonders die in Washington und Bonn, offen darauf hinweisen, daß trotz – oder möglicherweise auch wegen – der west-östlichen Entspannung finanzielle Hilfe in Zukunft nur denjenigen zufließt, die sich, getreu dem Prinzip der ehemaligen Hallstein-Doktrin, den vom Westen propagierten Prinzipien der kapitalistischen Marktwirtschaft verschreiben, finden solche Gesichtspunkte derzeit nirgends Berücksichtigung.

Südasien schließlich, wo das Prinzip der Blockfreiheit entwickelt und besonders erfolgreich praktiziert wurde, leidet noch am wenigsten unter der Beendigung des Ost-West-Konflikts. Indien und in gewissem Maße auch Indonesien sind inzwischen wirtschaftlich, aber auch politisch so stark geworden, daß sie nicht mehr gezwungen sind, sich in dem Maße wie Afrika oder Lateinamerika von westlicher Hilfe abhängig zu machen. Pakistan, Malaysia und die Philippinen liegen seit langem auf prowestlichem Kurs; ihre Abhängigkeit wird daher kaum vergrößert. Maßgeblich beeinflußt von der neuen Situation wird in erster Linie der Nahe Osten.

Hier hatte der Ost-West-Konflikt bisher eine sehr bedeutsame Rolle gespielt. In den Auseinandersetzungen zwischen Arabern und Israel wie zwischen den verschiedenen arabischen Staaten hatten die meisten Regierungen hier geradezu hemmungslos jede sich bietende Chance genutzt, West und Ost zum eigenen Vorteil gegeneinander auszuspielen. Da die Israelis Parteigänger des Westens waren, schlug sich Syrien auf die Seite des Ostens. Als Libyen sich mit Washington anlegte, verbesserte das benachbarte Ägypten sogleich seine Beziehungen zu den USA. Jahrzehntelang spielten fast alle Regierungen dieses Raumes von Kairo bis Kabul und von Damaskus und Teheran bis nach Jerusalem und Bagdad ein fast die ganze Welt verwirrendes und für die beiden Großmächte wie ihre politischen Freunde vielfach recht teures Spiel.

Dies funktioniert nun nicht mehr. Der Irak hat das im Golfkonflikt, vermutlich zu seiner eigenen Überraschung, deutlich erfahren. Allerdings sind die meisten nahöstlichen Länder im Gegensatz zu den meisten Staaten der Dritten Welt aufgrund ihres Ölreichtums nicht auf ausländische Finanzhilfe angewiesen. Sie könnten, unabhängig vom Wohlwollen Washingtons, Londons und Bonns, selbst über ihren politischen und wirtschaftlichen Kurs entscheiden, wenn sie sich einig würden.

Aber auch in anderen, ärmeren Ländern gibt es Ansätze zur Selbsthilfe mit eigenen Mitteln. So etwa rief in Bangladesch Präsident Zia-ur-Rahman Ende der siebziger Jahre die Dörfer seines Landes auf, selber in Gemeinschaftsarbeit Kanäle zu bauen, um sich von ausländischer Hilfe unabhängig zu machen; und Zehntausende folgten seinem Aufruf. Unter Leitung einheimischer Ingenieure gruben Männer, Frauen und Kinder mit Hacken und Spaten gemeinsam tiefe Gräben und einfache Schleusen, mit deren Hilfe sie ihre Felder bewässern und die Reisernten nicht selten verdoppeln konnten. Im westafrikanischen Burkina Faso bauten Dorfgemeinschaften unter Anleitung von Sippenältesten und in Anknüpfung an alte Traditionen einfache Dämme, mit deren Hilfe sie nach den gelegentlichen Wolkenbrüchen das kostbare Regenwasser stauen und für den Anbau von Gemüse nutzen konnten. Und im Hochland von Peru bauten Indios unter Anleitung weiser alter Männer und unter Verzicht auf moderne Maschinen schmale Straßen durch die Berge und legten im steinigen Boden neue Äcker an.

Solche Nutzung oder auch Wiederbelebung fast vergessener eigener Fähigkeiten findet man in einigen Gebieten der Dritten Welt noch heute. Ihre Initiatoren wenden sich häufig ganz bewußt gegen das nach ihrer Meinung kolonialistische Vorgehen der Industriestaaten. Und nicht selten stützen oder berufen sie sich auf kultische Überlieferungen sogenannter heidnischer oder zumindest nichtchristlicher Religionen, die bei ihren Völkern noch lebendig sind.

In gewisser Hinsicht gehört dazu auch die moslemische Fundamentalisten-Bewegung. Ihre Anhänger setzen sich ganz bewußt von West und Ost wie von deren Systemen

und Ideologien ab. Sollten sie dabei bleiben und sollte ihre Bewegung an Anhängerzahl und Einfluß gewinnen, dürfte sich darin eine Entwicklung abzeichnen, die für weitere Länder der Dritten Welt wichtig werden könnte: eine Besinnung auf die eigenen Kräfte.
Angesichts der bisherigen Unfähigkeit der Araber, ihre politischen und wirtschaftlichen Kräfte und Möglichkeiten zu ordnen und zu koordinieren, erscheint allerdings zweifelhaft, ob es dazu kommt. Wichtig ist die politische Auswirkung der Ost-West-Entspannung auf den Nahen Osten jedoch allemal.

Auf dem Tresen steht ein Videorecorder, der einen Krimi zeigt. Ein breitschultriger Australier in Sweatshirt und Jeans sitzt vor seinem Bier und starrt auf die Mattscheibe. Die Klimaanlage klappert.
Die Bar im ehemaligen »Caravelle«-Hotel im ehemaligen Saigon ist in einen Coffee Shop verwandelt worden. Mit einem rosafarbenen Auslegeteppich, pseudomodernen Plastiktischen und Stühlen und dem Bild einer dürftig bekleideten Frau an der Wand.
Als die Amerikaner Südvietnam räumten, wurde aus Saigon Ho-Chi-Minh-Stadt. Und das »Caravelle« erhielt den Namen »Doc Lap« – das heißt »Unabhängigkeit«. Aber die Bar blieb eine Bar.
Ich habe sicherlich ein dutzendmal in ihr gesessen. Während des Vietnamkrieges trafen sich hier Journalisten aus aller Herren Länder, diskutierten bei französischem Cognac, schottischem Whisky oder amerikanischem Bourbon über die Frontlage und über Gerüchte aus Laos und Kambodscha und tauschten Informationen über neue Restaurants oder hübsche Mädchen aus.

Nach dem Sieg der Nordvietnamesen war ich auf dem Weg nach Kambodscha und von dort zurück wieder hier. Damals schenkte der Barkeeper vietnamesischen Wodka aus, und meine Gesprächspartner waren zwei schwedische Entwicklungshelfer und ein polnischer Kollege. Die Mädchen waren verschwunden, und wir tauschten Erfahrungen aus über einen kleinen Laden, in dem man Lackarbeiten bekam, sowie über Lokale, in denen man noch einigermaßen gut essen konnte.
Jetzt ist die Bar zwar keine Bar mehr, aber auf der ehemaligen Rue Catinat, die seit Abzug der Amerikaner »Straße der Volkserhebung« heißt, flanieren wieder die Mädchen und bieten »Entspannungsmassagen« an. Und der Australier an seinem Plastiktischchen beschwert sich laut über sein Bier, das er als »lauwarme Pisse« bezeichnet.
Seine Firma hat ihn aus Sydney hierhergeschickt, um Holz zu kaufen, erzählt er mir. Ein Amerikaner hat angeblich eine Firma aufgezogen, die in Zentralvietnam Holz einschlägt und es zu günstigen Preisen verkauft. Er soll untersuchen, ob es etwas taugt.
Auf meine skeptische Frage, ob die Vietnamesen wirklich einem Amerikaner die Genehmigung erteilen, in ihrem Lande Holz einzuschlagen und zu verkaufen, haut mir der Mann aus Sydney kräftig auf die Schulter. »Die verkaufen alles, mein Freund, sogar ihre Frauen. Hier ist Ausverkauf zu Niedrigpreisen. Die brauchen Geld! Die sind am Ende!«

Wer in der Zeit des Ost-West-Konflikts für den Westen optierte, der wird noch heute dafür, wenigstens in Grenzen, vom Westen belohnt. Pakistan und Thailand, Kenia und Zaire, El Salvador und Guatemala werden, wenn auch mit Abstrichen, vom Westen und vor allem von den USA weiter unterstützt. Aber die ehemaligen Parteigänger des Ostens wie Afghanistan und Kuba, Äthiopien, Mosambik und Vietnam sind sich selbst überlassen.

Moskau hat kein Geld. Die ehemals kommunistischen Staaten Osteuropas sind auf Westkurs gegangen. Außerdem brauchen sie selbst Finanzhilfe und können anderen keine mehr geben. Und selbst wenn sie Mittel dafür aufbringen könnten, würden sie dies nicht tun. Denn das könnte den Eindruck erwecken, hier würde der alte Ost-West-Konflikt heimlich doch noch weiterbetrieben. Und das will der Osten unter allen Umständen vermeiden.

Die finanziellen, wirtschaftlichen, aber auch die politischen und vor allem die sozialen Folgen davon sind für alle ehemaligen Parteigänger des Ostens in der Dritten Welt verheerend. Angefangene Projekte, von Stahlwerken bis zu Staudämmen, bleiben liegen, die Arbeiten werden unterbrochen und schließlich ganz eingestellt. Die dort Beschäftigten werden arbeitslos. Die Wirtschaft, auf russische Öllieferungen, tschechische, polnische oder ostdeutsche Maschinen eingestellt, gerät ins Stocken. Die Währung, in den meisten Fällen schon vorher schwach, kommt endgültig ins Rutschen. Und schließlich wird auch die Versorgung der Bevölkerung mit Konsumgütern und sogar mit Lebensmitteln gefährdet.

Beispiele dafür gibt es überall. Äthiopien droht abermals eine Hungersnot. Auf Kuba ist die Energieversorgung gefährdet. In Vietnam fehlt es an Treibstoff für Fahrzeuge, an Ersatzteilen für Maschinen, an Rohstoffen für Fabriken.

Gleichzeitig kommt es zu Unruhen. Völkische Minderheiten rebellieren. Fast eingeschlafene Bürgerkriege flammen

erneut wieder auf, weil die Gegner der kommunistischen oder prokommunistischen Regierungen Morgenluft wittern.
In Afghanistan setzen die antikommunistischen Rebellen erneut zu militärischen Angriffen an; das benachbarte Pakistan, Stützpunkt des Westens bei der innerafghanischen Auseinandersetzung, rüstet sich unter seiner Militärregierung zur schrittweisen Einvernahme des von Moskau im Stich gelassenen Nachbarlandes.
Nicaragua steht, trotz des Wahlsieges der proamerikanischen Präsidentin Chamorro, vor dem wirtschaftlichen Zusammenbruch, weil die USA ihre Anhängerin nicht in dem von ihr erwarteten Ausmaß unterstützen. Einmal steckt Washington selbst in finanziellen Schwierigkeiten. Zum anderen gibt es für Nicaragua keine Alternative, die man im Weißen Haus fürchten müßte. Eine Rückwendung zum Osten ist nicht mehr möglich. Auch wenn die USA Nicaragua finanziell im Stich lassen, bleibt die Regierung in Managua abhängig von ihnen.
Die Folgen auf innerpolitischem Gebiet sind katastrophal. Die Verwaltungsstruktur der meisten dieser Staaten ist auf das östliche System kollektiver Verantwortung im Sinne einer Parteibürokratie eingestellt. Wer einmal in einem dieser Länder ein Visum, eine Besuchsgenehmigung oder auch nur ein Flugticket oder eine Eisenbahnkarte brauchte, der kann ein Lied davon singen.
So habe ich in Addis Abeba ein Ticket für einen Flug nach Massaia (gegen Bezahlung in Dollar) erst nach sechstägigem Warten erhalten, und auch dann nur, nachdem der Presseattaché der deutschen Botschaft sich bei der Presseabteilung des Außenministeriums und ein dortiger Beamter sich daraufhin bei einer mir unbekannten Dienststelle,

die die Ausgabe von Flugtickets überwachte, für mich eingesetzt hatten. In der Maschine war dann ein Drittel der Plätze nicht besetzt.

Auf Kuba war es ähnlich, obwohl es dort nur um eine Autobusfahrt von Havanna nach Santa Clara ging. Daß ich das Billett schon innerhalb von 48 Stunden bekam, lag daran, daß die Kubaner entsprechend ihrem Naturell den Kommunismus am Ende meist »à la Caribe« praktizieren, wie ich es nenne, es also mit den Vorschriften nicht so genau nehmen, wie sie es eigentlich sollten; eine Verabredung mit einer Freundin oder ein Privatausflug an den Strand ist ihnen am Ende meist wichtiger als die minutiöse Ausführung amtlicher Anordnungen oder Weisungen der Partei. Aber da ist Kuba eine Ausnahme.

In den meisten anderen, früher dem Osten verbündeten Ländern der Dritten Welt wurden sämtliche Vorschriften strikt eingehalten, selbst in Afrika, wo die Menschen es mit Regeln und Disziplin im Grunde nicht so ernst nehmen wie etwa im obrigkeitshörigen Deutschland. Daher haben es sich die meisten abgewöhnt, selbst irgendwelche Entscheidungen zu treffen, weil man ihnen jahre- oder jahrzehntelang eingebleut hat, grundsätzlich nur Weisungen vorgesetzter und meist anonymer »Dienststellen« auszuführen.

Sollte es wirklich einmal unumgänglich sein, selbst eine Entscheidung zu treffen, tut das grundsätzlich kein einzelner, sondern man findet sich in einer Gruppe, in einem Kollektiv zusammen, debattiert ausführlich vor allem die Risiken, die mit einer Entscheidung verbunden sind oder verbunden sein könnten, und in Afrika kann das bei der traditionellen Neigung zum Palaver viele Tage dauern.

Wie schwer es ist und wie lange es dauert, Menschen zu

ändern, denen man eine solche Verwaltungspraxis und vor allem eine die persönliche Verantwortung sorgfältig vermeidende Denkungsart aufoktroyiert hat, und sie an persönliche Entscheidungsbereitschaft zu gewöhnen, hat sich beim Anschluß der DDR an die Bundesrepublik gezeigt. Wesentlich schwieriger und langwieriger ist ein solcher Prozeß bei Völkern, die aufgrund ihrer Geschichte, etwa durch die Kolonialherrschaft, ohnehin daran gewöhnt waren, Weisungen anderer für maßgeblicher zu halten als eigene Erkenntnisse und Überlegungen.

Zwiespältig erscheinen mir schließlich die Auswirkungen der Ost-West-Entspannung für Parteigänger des Ostens in der Dritten Welt auf sozialpolitischem Gebiet. Denn einige sozialistische Prinzipien lassen sich hier durchaus mit gewissen Überlieferungen und Traditionen in Einklang bringen. So etwa die Ablehnung des Privateigentums. Viele afrikanische Völker wie auch zahlreiche Indianervölker Lateinamerikas kannten bis zur Invasion der Weißen nur Stammes- und Sippeneigentum. Die Stellung der Großfamilie in der Gesellschaft, die in gewissem Umfang noch heute eine Rolle spielt, geht darauf zurück.

Auch die Macht der Ältestenräte und der von ihnen eingesetzten Oberhäupter entspricht in mancher Hinsicht kommunistischen Prinzipien, wie sie sich etwa in der bis zur Wahl Gorbatschows überalterten Kreml-Führung zeigten. Das strikte Befehls- und Gehorsamsverhältnis, das den Kommunismus charakterisiert, findet sich in zahlreichen ursprünglichen Gesellschaften Südasiens und Lateinamerikas und hat sich dort stellenweise bis heute erhalten.

Es gilt weniger für Afrika. Dort diskutierte man vielmehr beim traditionell zeitlich unbegrenzten Palaver grundsätzlich so lange, bis Einigkeit erzielt und sämtliche Vertreter anderer Meinungen nicht etwa überstimmt, sondern überzeugt worden waren. Da diese Tradition vielerorts bis heute lebendig geblieben ist, hat sich der Sozialismus in Afrika auch dort, wo er gute Chancen hatte, immer sehr schwergetan. Das hat sich in Ghana und Ägypten wie auch beim Versuch der Chinesen in Tansania gezeigt.

Negativ hat sich die kommunistische Ideologie auf sozialem Gebiet in der Dritten Welt vor allem dadurch ausgewirkt, daß sie die Auflösung der bestehenden Gruppenbindungen proklamierte. Ziel war, die der Gruppe, der Großfamilie oder der Sippe obliegende Verantwortlichkeit auf »die Obrigkeit« oder »den Staat« zu übertragen. Dadurch wurde soziale Verantwortlichkeit anonymisiert und damit weitgehend unwirksam gemacht.

Das direkte menschliche Zusammengehörigkeitsbewußtsein, das selbst in so bevölkerungsreichen Staaten wie Indien, Brasilien und Nigeria im Rahmen von Kasten, Sippen und Stämmen den Schwächeren vielfach noch heute beim Überleben hilft, wird vom kommunistischen System beseitigt. Die Folge ist, daß ärmere Bevölkerungsgruppen vielfach jeden Rückhalt verlieren und zu desperatem und somit politisch gefährlichem Treibgut werden.

Die Ost-West-Entspannung trifft deshalb die Länder der Dritten Welt, die Parteigänger des Ostens waren, besonders hart. Aber auch die dortigen Parteigänger des Westens haben bisher nur Nachteile davon.

China, das gelegentlich von einigen als möglicher Ersatz für Moskau oder auch Washington ins Gespräch gebracht wird, ist zu wesentlicher materieller Hilfe auf absehbare Zeit nicht in der Lage. Das »Reich der Mitte« gehört zwar nicht zur Dritten Welt, wie Peking das aus propagandistischen Überlegungen gelegentlich behauptet, sondern

eindeutig zur Zweiten, ist aber, vorläufig jedenfalls, selbst auf erhebliche wirtschaftliche Hilfe von seiten der Industriestaaten angewiesen.
Bleibt Europa. Im Gegensatz zu den USA und der Sowjetunion hat Westeuropa derzeit wirtschaftlich kaum ernsthafte Schwierigkeiten. Der Zusammenschluß zur Europäischen Gemeinschaft hat vielmehr die Wirtschaftskraft wie vor allem auch die politische Macht des alten Kontinents enorm verstärkt. Die erforderlichen Investitionen für den wirtschaftlichen Umbau Osteuropas werden durch die sich anbietenden Einsparungen auf dem Rüstungssektor allemal gedeckt. Und das politische Gewicht eines mit einer Stimme sprechenden Europa ist kaum zu überschätzen. Trotzdem zaudern die Europäer und bauen, anstatt der am Rande des Abgrunds entlangtaumelnden Dritten Welt zu helfen, lieber das eigene Wohlstandsheim zur Festung aus.
Entgegen allen wohltönenden Reden gehen die Hilfsleistungen der europäischen Länder an die Dritte Welt laufend zurück. Die 0,7 Prozent des Bruttosozialprodukts, zu deren Abgabe für Entwicklungshilfe die Industriestaaten sich gegenüber der UNO schon vor Jahren verpflichtet hatten, werden von kaum einem Staat Europas erreicht. Und über die Hälfte der als Entwicklungshilfe deklarierten Leistungen nützen in Wahrheit nicht dem Empfänger, sondern dem Geberland und fließen in dessen Kassen zurück. Das gilt selbst für so reiche Länder wie Deutschland.
Nicht einmal zu einer normalen Handelspartnerschaft mit der Dritten Welt ist Europa bereit. Die eigene Produktion wird subventioniert – besonders deutlich auf dem Gebiet der Landwirtschaft –, um die ohnehin schwache Eigenpro-

duktion in den Dritte-Welt-Ländern auszuschalten. Und gegen Einfuhren dieser Länder schotten sich die reichen Europäer unter dem Druck ihrer Industrie- und Landwirtschaftslobbies mit allen Mitteln ab.
Die Dritte Welt soll kaufen, was Europa produziert, lautet die Devise. Wie sie das bezahlt, dafür interessiert man sich nicht, weder in Brüssel noch in London, Paris oder Bonn. Gleichzeitig fordert man von Dritte-Welt-Ländern, daß sie das kapitalistische Wirtschaftssystem und seine politische Ideologie übernehmen. Wo ein Land das nicht tut, weil es aus sozialpolitischen Gründen gar nicht dazu in der Lage ist, wird es diskriminiert.

Achmed stammt aus Kano im Norden Nigerias. Er ist 46 Jahre alt und lebt seit acht Jahren in Lagos. Sein Vetter hat ihm hier eine Stelle als zweiter Buchhalter in einer Bank verschafft. Sein Gehalt ist nicht hoch. Aber wenn sie sparsam sind, kann er mit seiner Familie davon leben.
Das Problem ist nur, daß die Preise ständig steigen. Am Morgen hat er ein Weißbrot gekauft, bei einem fliegenden Händler, der seinen Stand neben der Tankstelle hat. Seine Frau hatte ihn darum gebeten. Sie kann nicht aus dem Haus, weil die Tochter krank ist. Fünf Naira hat er für das Brot bezahlt. Noch vor zwei Monaten hat es vier, höchstens viereinhalb Naira gekostet.
Als Kind hat er niemals Weißbrot gegessen. Damals gab es gar kein Weißbrot in Nigeria, jedenfalls nicht für Einheimische. Es gab Hirse und Mais und Maniok und süße Kartoffeln. Davon haben sie gelebt, nicht von Weißbrot. Denn Weizen wurde in Nigeria nicht angebaut.
Aber als die Ölpreise stiegen und Nigeria reich wurde, führten die Händler in Lagos nicht mehr nur Autos und

Fernseher und billige Armbanduhren aus Europa ein, sondern auch Weizenmehl. Einige Bäcker in Lagos fingen an, Weißbrot zu backen. Und weil es gut schmeckte und weil man damals ja genug Geld hatte, kauften es die Leute. Viele gewöhnten sich daran. Auch er und seine Frau.

Inzwischen ist Weißbrot teuer. Denn der Ölpreis ist gesunken und damit die Deviseneinnahmen. Auch Kakao und Baumwolle, die Nigeria exportiert, bringen auf dem Weltmarkt weniger ein als früher. Und Erdnüsse, von denen man früher riesige Mengen nach Europa lieferte, weil die Europäer Öl daraus machten, sind kaum noch zu verkaufen. Denn die Europäer machen ihr Speiseöl jetzt aus Sonnenblumen. Und die bauen sie selber an. Sie geben ihren Bauern sogar Zuschüsse dafür. Auf diese Weise bleibt das Geld bei ihnen im Lande.

Weil die Europäer immer weniger von Nigeria kaufen, wird der Naira, die nigerianische Währung, immer weniger wert. Dadurch wird das Weißbrot teurer, weil sie den Weizen einführen und immer mehr Naira dafür bezahlen müssen. Das hat ihm sein Vetter erklärt, der erster Buchhalter bei einer großen Bank in Lagos ist. Wenn die Europäer mehr von Nigeria kaufen und besser dafür bezahlen würden, würde das Brot billiger werden, und Nigeria würde es besser gehen und den anderen afrikanischen Staaten auch. Aber das wollen die europäischen Staaten nicht, sagt sein Vetter.

Sie wollen möglichst viel selber produzieren und möglichst viel davon nach Afrika exportieren, aber möglichst wenig von dort kaufen. Denn dabei verdienen sie am besten. So machen es alle reichen Leute. Nur, wie die Nigerianer das Weizenmehl bezahlen sollen, das die Europäer ihnen verkaufen, das haben die Weißen bis heute nicht gesagt.

Frau Gerber kauft Kuchen beim Bäcker – sie bekommt am Nachmittag Besuch von einer Freundin – und dazu ein Pfund Kaffee. Auf die Frage der Bäckersfrau, welchen Kaffee sie haben wolle, antwortet sie, ohne zu zögern: »Die Auslese bitte.«
Das Pfund davon kostet nur noch 8,49 Mark, erklärt ihr die Bäckersfrau, die Firma hat den Preis heruntergesetzt. Frau Gerber meint, das wurde auch Zeit.
»Die waren ja völlig übergeschnappt mit ihren Preisen damals, als das Pfund Auslese über zehn Mark kostete. Als wenn wir unser Geld auf der Straße finden! Und die kaufen sich dann Waffen dafür!«
Die Bäckersfrau nickt. Auch sie zieht niedrige Preise vor. Die Leute trinken dann mehr Kaffee und kaufen mehr davon.
Frau Gerbers Mann ist Rechtsanwalt, Spezialist für Steuersachen. Er verdient gut. Er fährt einen Mercedes, seine Frau fährt einen Golf. Ihr Bungalow ist schuldenfrei. Und seit Frau Gerber wegen eines verletzten Knöchels nicht mehr Ski laufen kann, fliegen sie jeden Winter zwei Wochen in die Karibik. Man will sich schließlich mal was gönnen, sagt Herr Gerber, man lebt ja nur einmal.
Die Gerbers brauchen nicht zu sparen. Eine Mark mehr für ein Pfund Kaffee würde Frau Gerber in ihrem wohlgefüllten Portemonnaie gar nicht spüren. Trotzdem hat sie sich im vergangenen Jahr immer wieder über den Kaffeepreis beklagt. Und wenn es im Winter Erdbeeren gibt, die von der Elfenbeinküste oder aus dem Senegal kommen und acht Mark das Pfund kosten, dann kauft sie die zwar, weil sie darauf gerade Appetit hat, aber den Preis bezeichnet sie als »einfach unverschämt«.
»Die da unten sollen doch froh sein, daß wir ihnen das

abnehmen«, begründet sie ihren Ärger. »Eigentlich sollte man so was für den Preis gar nicht kaufen, damit die mal merken, daß sie auf uns angewiesen sind.«

Die »Festung Europa« nutzt die Gunst der Stunde. Mit Hilfe gewaltiger Subventionen produziert die Europäische Gemeinschaft riesige Mengen von Nahrungsmitteln, die nicht absetzbar sind und deshalb für nochmals teures Geld aus den Taschen der Steuerzahler in Speichern und Kühlhäusern gelagert werden. Aber nachdem im Zuge der Finanzhilfe für Ostdeutschland und Osteuropa die materielle Unterstützung für die Dritte Welt gekürzt, stellenweise sogar eingestellt wurde und dort mit dem Geld auch die Lebensmittel knapp zu werden beginnen, gehen Fett, Mehl, Milchpulver und Fleisch aus den Speichern Europas in die Länder der Dritten Welt. Zuerst als Geschenke im Rahmen von Hilfsaktionen, dann als Exporte.

Die EG profitiert in jedem Falle davon. Sie wird auf diese Weise ihre unverkäuflichen Lebensmittel los, spart die hohen Lagerkosten und schmückt sich zusätzlich noch mit dem Ruhm des großzügigen Helfers. Gleichzeitig erweisen sich die Geschenke häufig als Teil einer zugkräftigen PR-Aktion für europäische Produkte sowie als erfolgreicher Schlag gegen konkurrierende Lebensmittelproduzenten in der Dritten Welt. Deren Bürger zahlen dann die Zeche.

Denn die Lieferung europäischer Lebensmittel, umsonst oder zu niedrigen »Einführungspreisen«, drückt ungezählte einheimische Bauern und Farmer in den Dritte-Welt-Ländern aus dem Geschäft. Unfähig, mit den hochsubventionierten europäischen Importen zu konkurrieren, stellen sie ihre Produktion ein. Damit verlieren diese Länder ihre Fähigkeit, die eigene Bevölkerung zu ernähren, und zwar auch diejenigen, die früher dazu ohne weiteres in der Lage waren. Und die angeblich unabhängigen Staaten der Dritten Welt geraten in eine totale, zunächst wirtschaftliche, dann aber auch politische Abhängigkeit von Europa.

Damit verspielt Europa, oder vorläufig wohl richtiger Westeuropa, eine einmalige Chance. Anstatt die Beendigung der jahrzehntelangen politischen und wirtschaftlichen Rivalität zwischen Ost und West für den Ausbau einer konstruktiven wirtschaftspolitischen Partnerschaft mit der Dritten Welt zu nutzen, fallen die Europäer in ihre alte Rolle als Kolonialherren zurück. Sie nutzen ihre wirtschaftliche Überlegenheit, um auf politischem Gebiet Weisungen zu erteilen. Wer sie brav befolgt, wird – in Maßen – belohnt. Wer nicht pariert, wird bestraft.

Daß es hierbei nicht um die so gern und laut beschworenen Ideale der Freiheit, des Friedens und der Menschlichkeit, sondern ausschließlich um wirtschaftliche Vorteile und, daraus folgend, dann um politische Macht geht, läßt sich anhand ungezählter Fälle beweisen. Als Ende der fünfziger Jahre China Tibet überfällt und besetzt, läßt das Washington und Moskau wie die Regierungen Europas weitgehend kalt – Tibet hat schließlich kein Öl. Als dreißig Jahre später der Irak Kuwait überfällt, bricht, geführt von den USA, auch Europa in offene Empörung aus und verlangt den Rückzug von Saddam Hussein – denn Kuwait hat Öl.

Ein weiteres Beispiel ist Kambodscha. Die Roten Khmer, die während ihrer vierjährigen Regierungszeit über zwei Millionen Menschen, fast ein Drittel der Bevölkerung, auf bestialische Weise umbrachten, wurden auch nach ihrer Vertreibung von zahlreichen europäischen Regierungen, darunter auch von Bonn, trotz ihrer nachgewiesenen Verbrechen gegen die Menschlichkeit weiter als offizielle Vertretung Kambodschas in der UNO anerkannt. Denn man mag sich mit China nicht anlegen, das die kambodschanischen Massenmörder mit Waffen unterstützt.

Nach der Beendigung des Ost-West-Konflikts sind die offiziell politisch unabhängigen Staaten der Dritten Welt aufgrund ihrer wirtschaftlichen Schwäche praktisch wieder Kolonien geworden. Nicht nur wirtschaftlich, sondern auch politisch. Weil sie sich wirtschaftlich nicht wehren können. Und gerade Europa, wo vielfach unter der Oberfläche noch die alten Anschauungen gegenüber den früher Dienstpflichtigen und Abhängigen lebendig sind, läßt diese das fühlen.

Die Betroffenen registrieren den neokolonialistischen Hochmut der Europäer schon. Wer heute Länder der Dritten Welt bereist, der kann, wenn er aufmerksam ist, unter der Decke profitorientierter Freundlichkeit das darunter sitzende Ressentiment nicht nur gegenüber Russen und Amerikanern, sondern gerade auch gegenüber den erneut als Herren auftretenden Europäern sehr deutlich spüren. Allerdings nehmen die meisten von uns davon keine Notiz. Denn schließlich haben wir das Geld. Und davon sind sie abhängig, auch wenn sie das stört.

Der Präsident ist 38 Jahre alt. Er trägt eine maßgeschneiderte Uniform mit den goldenen Achselstücken eines Generals und einen großen Orden auf der Brust. Er liebt Orden, in seinem Arbeitszimmer steht ein Glasschrank voller Orden. Auch die vergoldete Nachahmung eines Marschallstabes liegt darin, den ihm eine europäische Rüstungsfirma geschenkt hat.

Als er vor einigen Jahren durch einen Putsch an die Macht

kam, ernannte er sich selbst vom Hauptmann zum Oberst. Inzwischen hat er sich zum General befördert. Denn außer den Orden liebt er auch die Macht. Und wer hierzulande regieren will, der braucht dafür in erster Linie die Armee. Vor allem aber liebt der Präsident den Reichtum. Ihm gehört eine prächtige Villa in der Stadt, ein Haus am Meer, ein Landgut in den Bergen. Er besitzt eine Rinderfarm, eine Kaffeeplantage, eine Schuhfabrik, die einzige Autoimportfirma des Landes. Seine Frau ist, unter anderem, an einer Bank beteiligt. Und einem seiner Neffen gehört eine Brauerei. Sich selbst bezeichnet er als »Pionier« beim Wirtschaftsaufbau seines Landes.

»Wir müssen vor allem die Industrie und den Tourismus bei uns entwickeln«, erwidert er mir, als ich ihn auf seine privaten Besitzungen anspreche, »und da muß der Präsident vorangehen, er muß die Initiative ergreifen und ein Beispiel geben, das gehört einfach zu seinen Pflichten.« Seine Unternehmen würden als Musterbetriebe geführt, setzt er hinzu. Daß die Ausgaben für sie vom Staat getragen, ihre Einnahmen aber auf sein Privatkonto überwiesen werden, erwähnt er jedoch nicht.

Er ist inzwischen über sechs Jahre im Amt, obwohl die Verfassung eine kürzere Amtsperiode vorsieht. Als ich ihn nach Neuwahlen, auch mit der Möglichkeit eines eventuellen Regierungswechsels, frage, erstarrt das Lächeln auf seinem Gesicht.

»Die Bevölkerung will keine andere Regierung, das wissen wir«, erwidert er brüsk. »Wahlen sind daher überflüssig, sie würden nur viel Geld kosten, und das können wir sparen.«

Er spricht leise. Und seine bisher liebenswürdige Stimme klingt abweisend und kalt.

Das Gespräch fand vor vielen Jahren in einem der Staaten Mittelamerikas statt. Aber es könnte genauso heute und genauso auch in Afrika oder sogar in einigen Staaten Südasiens stattfinden. Viele, im Grunde sogar vielleicht die meisten Länder der Dritten Welt werden so oder so ähnlich regiert.

Der Hintergrund ist dabei in den einzelnen Kontinenten verschieden. In den meisten Staaten Lateinamerikas sind es ein paar Dutzend oder ein paar hundert Familien, die das Land seit vielen Jahrzehnten regieren. Ihnen gehören mindestens ein Drittel, häufiger die Hälfte, gelegentlich sogar zwei Drittel des Grund und Bodens. Sie betreiben Fabriken und Banken, kontrollieren Zeitungen, Rundfunk- und Fernsehstationen. Sie sind reich. Aber ihre Staaten wie die Masse ihrer Bürger sind arm. Häufig sorgen sie dafür, daß das Militär seinen Sold bekommt. Das Militär dankt es, indem es ihnen die Macht garantiert. Und mit dieser Macht schützen sie ihren Reichtum.

Fast in jedem Land kommt es hier von Zeit zu Zeit zu einem Putsch oder einem Aufstand. Nicht zu einer Revolution. Denn der »Umsturz« bringt im allgemeinen nur eine andere Familie an die Schalthebel der Macht und nicht die Besitzlosen, die Armen. Die bleiben vielmehr, von wenigen Ausnahmen abgesehen, ausgesperrt – sowohl von der Macht wie auch vom Besitz.

In den meisten Ländern Afrikas verfügten die Regierenden anfangs nur über Macht, nicht aber über Reichtum. Denn ihre Staaten bestanden ja erst seit dem Abzug der Kolonialmächte nach dem Ende des letzten Weltkriegs. Und die ihre Völker damals im Kampf gegen die Kolonialherren in die Unabhängigkeit führten, waren meist arm. Sie waren Lehrer oder junge Rechtsanwälte, gelegentlich Häuptlingssöhne, häufig nur Feldwebel oder Unteroffiziere. Sie kamen von »unten«, aus der Masse der Besitzlosen.

Als deren Sprecher hatten die meisten von ihnen während des Kampfes um die Unabhängigkeit als erstes Hilfe für die Armen und bescheidenen Wohlstand für alle auf ihre Fahnen geschrieben. Nicht wenige hatten sich sogar offen zum Sozialismus bekannt, weil die Kolonialherren, die sie bekämpften, ja Kapitalisten waren.

Aber in den meisten Staaten änderte sich das sehr bald. Denn Besitz ermöglicht ein bequemes und angenehmes Leben. Und daran gewöhnt man sich schnell. Das Streben nach privatem Wohlstand hatte anfangs keineswegs nur egoistische Motive. Denn gerade in Afrika spielt die Großfamilie seit jeher eine maßgebliche Rolle. Wer mächtig wird, der ist verpflichtet, für die Angehörigen seiner Sippe zu sorgen. Das erwarten nicht nur diese von ihm, sondern darauf basiert auch die afrikanische Gesellschaftsordnung. Jeder, der an die Macht kommt, versucht deshalb, seinen Wohlstand zu mehren, um seine Familie gut versorgen zu können. Das entspricht der Tradition.

Noch ein dritter Umstand kommt hinzu: Die Europäer haben in Afrika das vor ihrem Eindringen weitverbreitete Stammes- und Sippeneigentum durch das in Europa verbreitete Privateigentum ersetzt. Das aber reizt zu privater Bereicherung. Wenn diese nicht auf legalem Wege erfolgt ist, muß der illegal reich Gewordene diesen Besitz schützen. Das erfordert Macht, und diese Macht erfordert wiederum Reichtum. Denn nur der Reiche ist in der Lage, seine Anhänger, die ihn und seinen Besitz ja verteidigen sollen, auch entsprechend zu entlohnen.

Auf diese Weise wurden die einstigen Vorkämpfer der Unabhängigkeit immer wieder abhängig von solchen, die ihnen entweder Macht oder Reichtum verschafften. Das waren früher Washington und Moskau. Seit Ende des Ost-West-Konflikts sind es ausschließlich die westlichen Industriestaaten, anders ausgedrückt: die Kapitalisten, noch anders ausgedrückt: die ehemaligen Kolonialmächte. Von ihnen sind sie jetzt erneut abhängig.

In Südasien ist die Situation etwas anders. Hier war in einigen Ländern trotz zeitweiliger Kolonialherrschaft die alte Tradition nicht völlig zerstört worden. Indien und auch Malaysia gehören dazu. Die hier nach dem Abzug der Kolonialmächte die Herrschaft im Lande übernahmen, waren nicht nur wohlhabend, sondern auch an den Umgang mit der Macht gewöhnt. Nehru und der Tungku Abdul Rahman in Malaysia gehörten dazu. Sie verteidigten auch in schwierigen Situationen ihrer Länder deren Unabhängigkeit, weil sie persönlich unabhängig und deshalb nicht erpreßbar waren.

Aber in vielen Ländern auch Südasiens versuchten neue Machthaber ähnlich wie in Afrika, sich erst einmal persönlich eine Besitz- und damit eine Machtbasis zu schaffen. Und das brachte sie in die gleiche Lage wie die meisten ihrer afrikanischen Kollegen. Solange sie die Rivalität zwischen Ost und West ausnutzen konnten, konnten sie das zumindest überspielen. Heute dagegen sind sie uneingeschränkt vom Westen abhängig. Denn der allein verfügt über das von ihnen benötigte Geld und die von ihnen benötigten Waffen.

Die sogenannten »neuen Eliten« in den Staaten der Dritten Welt sind deshalb gar nicht in der Lage, den allenthalben aufflackernden Neokolonialismus der Ersten Welt zu bekämpfen. Sondern sie bilden persönlich sogar vielfach eine Art Einflugschneise für ihn. Sie gleichen dem berühmten Trojanischen Pferd. Der Westen bedient sich ihrer. Und sie sind, sei es auch unabsichtlich, seine Helfer.

Das gilt, um nur einige Beispiele zu nennen, für den inzwischen gestürzten Diktator Ferdinand Marcos auf den Philippinen wie für Indonesiens Staatspräsidenten Suharto, das gilt für Präsident Mobutu in Zaire wie für die einander ablösenden Militärs in Nigeria und die jeweils Regierenden im Tschad. Sie alle folgen dem Beispiel, das Batista (Kuba), die Somozas (Nicaragua) und die Duvaliers (Haiti) in Lateinamerika gegeben haben.

Auch das Ergebnis ist überall dasselbe. Die Angehörigen der »neuen Eliten« brauchen zunächst einmal Geld, um sich an der Macht zu etablieren. Das wird ihnen von westlichen Firmen und Konzernen offeriert. Um den Auftrag für ein veraltetes Stahlwerk oder einen überflüssigen Staudamm zu erhalten, an dessen Bau sie immense Summen verdienen, bezahlen sie den Machthabern riesige »Provisionen« – zu deutsch: Schmiergelder –, die sie in vielen westlichen Staaten, wie zum Beispiel in Deutschland, auch noch von der Steuer absetzen, das heißt auf die Bürger abwälzen können.

Die Regierenden, auf diese Weise finanziell abhängig geworden, erfüllen bereitwillig alle politischen Forderungen der westlichen Industriestaaten, einmal, weil sie sich persönlich verkauft und keine andere Wahl haben, und zum anderen, um sich auf diese Weise das Wohlwollen der westlichen Geldgeber zu erhalten und damit ihren Verbleib an der Macht zu sichern.

Mein algerischer Kollege zündet sich eine Zigarette an. Wir haben Kuskus gegessen in einem kleinen Ort an der Küste, eine halbe Autostunde von Algier entfernt, und sitzen am

Strand. Früher gab es hier ein elegantes Lokal, das die Franzosen gern aufsuchten. Man bekam frische Austern, und in der Nähe wächst ein guter trockener Wein. Aber mit der Zeit kamen immer weniger Gäste, da verkaufte der Wirt das Lokal, weil es sich nicht mehr lohnte.

»Nach der Unabhängigkeit waren die reichen Franzosen nach Frankreich zurückgegangen, und unter unseren Leuten gab es anfangs zu wenige, die genug Geld hatten, um hier zu essen«, erinnert sich mein Kollege.

Inzwischen findet man schon reiche Leute in Algier, gibt er zu, nicht sehr viele, aber einige schon, vor allem Beamte und Händler, die Kontakte zur Regierung haben. Aber die meisten seiner Landsleute sind nach wie vor arm. Er begreift das im Grunde nicht recht. Denn Algerien ist reich: gute Böden, jedenfalls in der Nähe der Küste, dazu Öl, Erdgas, Kohle, Zink, Kupfer, Blei, Phosphat; sogar Uran, Wolfram, Bauxit. Trotzdem steigt die Zahl der Armen.

Mein Kollege ist 62 Jahre alt. Er hat vieles miterlebt: den siebenjährigen Guerillakrieg gegen die Kolonialmacht, die Fremdenlegion, de Gaulle, schließlich 1962 die Unabhängigkeit. In der ersten Zeit war es ungeheuer aufregend und manchmal richtig schön, obwohl es gerade am Anfang eine Menge Schwierigkeiten gab.

»Damals regierte bei uns Ben Bella und in Ägypten Nasser. Damals dachten viele von uns: Jetzt kommt unsere Chance. Wenn wir uns zusammenschließen zu einer arabischen Nation, über hundert Millionen Menschen, dazu das Öl – wir hätten eine Großmacht werden können, die erste wirkliche Großmacht der Dritten Welt...«

Es ist ein Traum geblieben. Auf meine Frage, woran es gescheitert ist, zuckt er zunächst nur die Achseln. Dann,

nach einigem Nachdenken, meint er, natürlich trügen die Franzosen viel Schuld daran, sie hätten das Land ausgebeutet, die weißen Siedler hätten das ganze Geld gekriegt, für die Algerier gab es keine Schulen, als die Franzosen abzogen, fehlten Ärzte, Lehrer, Ingenieure.
Aber dann schüttelt er den Kopf.
»Es muß noch einen anderen Grund geben. Wir hätten eine Großmacht werden können, wir hatten alles dafür – aber wir haben es bis heute einfach nicht geschafft.«

Der Traum von der Großmacht. Es gibt Staaten in der Dritten Welt, die davon träumen. Indien natürlich, aber auch Brasilien, Mexiko, vielleicht Indonesien, Nigeria.
Jeder dieser Staaten hätte, von seiner Größe, seiner Bevölkerungszahl, seinen Ressourcen her, durchaus die Chance, eine Großmachtstellung im Rahmen der Dritten Welt zu erringen, also den kleineren, schwächeren Nachbarländern seinen Willen aufzuoktroyieren und den politischen wie den wirtschaftlichen Kurs des Kontinents oder wenigstens eines Teils davon zu bestimmen. Brasilien für Südamerika, Mexiko für die Karibik, Nigeria für West- und Zentralafrika, Indonesien für Südostasien.
In einigen dieser Länder habe ich solche Hinweise auch wiederholt zu hören bekommen. Besonders in Brasilien, der »lateinamerikanischen Großmacht der Zukunft«, wie viele Brasilianer ihr Land selber gerne sehen. Auch in Nigeria, wo man sogar gelegentlich versucht hat, die Nachbarländer zu dirigieren, besonders, solange der Ölpreis hoch und man selber daher reich war.
Aber es kam bisher höchstens zu Ansätzen. Im Grunde ist es sogar meist bei bloßen Ansprüchen geblieben. Selbst ein riesiges, volk- und rohstoffreiches Land wie Brasilien, das

im Gegensatz zu den meisten Staaten der Dritten Welt nicht erst im Lauf der letzten Jahrzehnte aus der Kolonialherrschaft entlassen worden, sondern bereits seit fast 170 Jahren ein unabhängiger Staat ist, wird bis heute von kaum jemandem als Großmacht angesehen und behandelt, weder von den reichen Industriestaaten noch von den armen Ländern der Dritten Welt.

Die Stimme Brasiliens gilt auf dem lateinamerikanischen Kontinent nicht mehr als die Stimme Argentiniens, Kolumbiens oder Perus. Und die USA betrachten die Brasilianer wie die übrigen Bewohner des Nachbarkontinents als eine Art Leibeigene, die im Hinterhof wohnen, denen man gelegentlich etwas Geld zuschiebt, damit sie keinen Krach machen, und die man bestraft, wenn sie sich nicht so benehmen, wie man es von ihnen verlangt.

»Ich habe manchmal das Gefühl, für die Yankees sind wir eine Art Sklavenersatz«, hat mir ein hoher Beamter im brasilianischen Außenministerium einmal erklärt. »Sklaven behandelt man ja auch nicht immer schlecht, schließlich braucht man sie ja; deshalb sind die Yankees oft durchaus freundlich und hilfsbereit uns gegenüber – vorausgesetzt, wir tun das, was sie anordnen.«

Für die Europäer schließlich ist Brasilien bis heute ein fernes und exotisches Land, wo Goldgräber Indios totschlagen und Rinderzüchter den Regenwald niederbrennen, wo man mit Kaffee oder Edelsteinen sehr schnell reich werden, aber auch sehr schnell viel Geld verlieren kann, das man aber wirtschaftlich und vor allem politisch nicht zu ernst nehmen darf.

Mit Mexiko, Nigeria und Indonesien ist es ähnlich. Sie sind zwar potentiell durchaus reich und mächtig, aber hoch verschuldet, wirtschaftlich abhängig und politisch instabil.

Deshalb sind sie gar nicht in der Lage, für sich wie für ihren Kontinent irgendwelche eigenen politischen, wirtschaftlichen oder sozialen Vorstellungen zu entwickeln oder gar zu verwirklichen. Denn ihre wirtschaftliche Schwäche macht sie abhängig. Und deshalb können sie keinen politischen Einfluß auf andere ausüben.

Indien bildet eine gewisse Ausnahme. Indien ist zwar wirtschaftlich nicht annähernd so reich wie die anderen potentiellen Großmächte der Dritten Welt. Aber Indien steht seiner Bevölkerungszahl nach an zweiter Stelle in der Welt hinter China; fast 15 Prozent der Erdbevölkerung leben in diesem Land; jeder siebte Erdbewohner ist Inder. Ferner ist es den Indern trotz Dutzenden von Sprachen, Volksgruppen, unterschiedlichen Hautfarben und Religionen bisher gelungen, eine – wenn auch instabile und immer wieder gefährdete – demokratische Ordnung aufrechtzuerhalten. Und vor allem gehören die Inder zu den wenigen Völkern der Dritten Welt, die bis heute eine ungebrochene Verbindung zu ihrer Vergangenheit bewahrt haben und die daher den Forderungen und Ideologien der Industriestaaten wenigstens gewisse eigene Vorstellungen entgegensetzen können.

Es war denn auch kein Zufall, daß der Gedanke der Blockfreiheit gerade von Indien ausging und der Dritten Welt drei Jahrzehnte lang zu einem eigenen Profil, zu gewissem Einfluß und sogar zu einer, wenn auch beschränkten, politischen Macht verhalf. Nur ist mit der Ost-West-Entspannung die entscheidende Voraussetzung dafür entfallen.

Aufgrund seiner Nachbarschaft und seiner Rivalität zu China befindet sich Indien trotzdem nach wie vor in einer besonderen Situation. Solange Peking seinen kommunistischen Kurs beibehält, bleibt das »Reich der Mitte«, im

Gegensatz zur Sowjetunion, ein zumindest potentieller Gegenspieler des Westens. Daher ist der Westen zwangsläufig daran interessiert, ein nichtkommunistisches, demokratisches Indien als asiatisches Gegengewicht zu China am Leben zu halten. Das gibt den Indern zwar nicht wie bisher eine direkte politische Einflußmöglichkeit. Aber es schützt sie vor jener fast völligen Abhängigkeit vom Westen, unter der die anderen potentiellen Großmächte der Dritten Welt heute leiden.

Nach der offenbar endgültigen Beilegung des Ost-West-Konflikts wird, wenn nicht ein Wunder geschieht, in den kommenden Jahrzehnten der Nord-Süd-Konflikt die Welt beherrschen. Das bedeutet, daß die Dritte Welt nicht mehr wie bisher ein Außenseiter, Nutznießer oder gar Schiedsrichter ist, sondern direkt Partei. Schon heute stehen sich in der Auseinandersetzung um die Reichtümer wie um die Macht auf der Welt nicht mehr zwei Ideologien gegenüber, sondern »die Armen« im Süden und »die Reichen« im Norden, die vorwiegend weißen Industriestaaten und die vorwiegend farbigen Rohstofflieferanten, die vor der wachsenden Not in ihren Ländern flüchtenden Asylsuchenden und die um den Erhalt ihres rapide wachsenden Wohlstands bangenden Bewohner der Wohlstandsinseln, vor allem in Europa und Nordamerika.
Nachdem die Dritte-Welt-Länder nunmehr direkt Beteiligte an der Auseinandersetzung sind, genügt es für sie nicht mehr, die Wohlhabenden um Hilfe zu bitten. Großzügigkeit oder Mitleid ist kein Motiv in der Politik. Und an Möglichkeiten, ihr Geld daheim auszugeben, fehlt es den wohlhabenden Industriestaaten im Norden ja nicht. Es gibt unter ihnen immer noch solche, die weniger wohlha-

bend sind. Und keiner ist so reich, daß er nicht noch reicher werden könnte.

Wenn die Dritte Welt, wenn der Süden die totale Machtlosigkeit und, daraus folgend, die totale Armut verhindern will, müssen seine Bewohner und vor allem seine Politiker eigene Vorstellungen für die zukünftige Gestaltung ihrer Gesellschaften entwickeln. Wichtigstes Ziel dabei muß ihre politische und wirtschaftliche Unabhängigkeit sein. Nur wer unabhängig ist, wird als Verhandlungspartner ernst genommen. Kolonialherren haben noch nie etwas verschenkt. Und der Norden befindet sich heute dem Süden gegenüber in der Rolle des Kolonialherrn, nur in anderer Form als früher.

Allein wenn es den Ländern der Dritten Welt gelänge, nach dem politischen Kolonialismus jetzt auch den überwiegend wirtschaftlichen Neokolonialismus der Industriestaaten zu brechen, haben ihre Völker eine Chance zu überleben. ◀

Die neue Völkerwanderung

■ Ich frage den Tankwart, ob jemand in der kleinen Werkstatt hinter der Tankstelle eine elektrische Birne im linken Scheinwerfer meines Autos auswechseln kann. Sie ist am Vorabend plötzlich ausgefallen.

Er wirft einen flüchtigen Blick auf mein Auto, nickt und ruft dann mit lauter Stimme nach Achmed. Ein hochgewachsener dunkelhäutiger Mann mit einem scharfge-

schnittenen Gesicht erscheint. Der Tankwart erklärt ihm auf italienisch, was er tun soll. Und ich fahre meinen Wagen nach hinten, vor die winzige Werkstatt.
Der Farbige öffnet mit geschickten Fingern die Scheinwerferverschraubung und wechselt die Birne aus. Dann fragt er mich, nach einem vorsichtigen Blick über seine Schulter, ob ich Engländer sei. Als ich ihm erkläre, ich sei Deutscher, erzählt er mir eifrig, er habe früher viel an Deutsche verkauft; sie seien immer gute Kunden gewesen und hätten immer pünktlich bezahlt.
Er stammt aus Somalia, erwidert er mir auf meine Frage, aus Mogadischu, der Hauptstadt. Als ich ihm sage, daß ich die Stadt vom Ogadenkrieg zwischen Somalia und Äthiopien her kenne, weil ich damals für deutsche Zeitschriften über den Krieg berichtet habe, leuchten seine Augen auf. Er war Angestellter bei einer Transportfirma. Sie transportierten vor allem Lebensmittel, Obst, Gemüse, Fleisch. Sie hatten sogar einen Kühlwagen, den der Besitzer der Firma gebraucht in Kenia gekauft hatte, und machten gute Geschäfte.
Auf meine Frage, wieso er denn jetzt als Mechaniker in einer kleinen Tankstelle südlich von Neapel arbeite, greift er nach dem Scheinwerferglas, verschraubt es und erwidert schließlich, nach einem abermaligen vorsichtigen Blick über die Schulter, leise: »Kühlwagen kaputt. Keine Ersatzteile. Nur für Dollar, aber wir haben keine Dollar. Firma kaputt. Ich keine Arbeit. Aber Frau, Kinder Hunger. Ich fahre mit Schiff nach Neapel, Italien...«
Der Besitzer der Tankstelle ist ein guter Mann, versichert er mir. Er zahlt ihm zwar wenig Geld, nicht einmal die Hälfte von dem, was ein italienischer Arbeiter hier verdient. Aber das Geld reicht ihm. Er schickt sogar etwas

davon nach Hause. Er schläft in einem Verschlag neben der Werkstatt und paßt nachts auf, daß niemand einbricht. Dafür meldet ihn der Tankstellenbesitzer nicht bei der Polizei. Denn er hat keine Aufenthaltserlaubnis und darf daher eigentlich auch gar nicht arbeiten.
Er spricht italienisch. In Somalia und Äthiopien gibt es eine Menge Leute, die »von früher« ein bißchen italienisch sprechen. Deshalb ist er hierhergekommen. Und er will auch hierbleiben.
»Somalia kaputt. Kein Essen, kein Geld, keine Geschäfte. Ganz Afrika kaputt. Überall Hunger. Mein Freund ging vor zwei Jahren nach Europa. Rom. Geht ihm gut. Darum jetzt ich auch ...«
Er sucht ein Zimmer in Neapel, fügt er hinzu, denn er will seine Frau und seine Kinder nachholen. Er will hier arbeiten, Geld verdienen, vielleicht ein kleines Geschäft aufmachen. In Afrika gibt es keine Chance, sagt er.
Viele Somalis versuchen, nach Europa zu gehen. Vor allem nach Italien, weil Italien in Somalia einmal regiert hat. Damals haben viele Italienisch gelernt, und das hat sich bis heute gehalten. Die aus Dschibuti gehen nach Frankreich, die aus dem Sudan nach England, vor allem wegen der Sprache. Und vielleicht auch, weil sie jemanden dort kennen. Auf jeden Fall wollen sie nach Europa. Denn da gibt es keinen Hunger, da sind die Leute reich, und jeder hat eine Chance zu überleben.
Natürlich ist es schwierig, fügt er hinzu. Es gibt Kontrollen der Polizei, mißtrauische Nachbarn. Zweimal haben schon irgendwelche Leute seinen Chef gefragt, ob er denn eine Erlaubnis habe, hier zu arbeiten. Der Chef hat ja gesagt. Aber wenn es Schwierigkeiten gibt, muß Achmed verschwinden. Das weiß er. Er wird jedoch nicht zurück-

gehen. Er wird in Italien bleiben oder in die Schweiz gehen oder nach Frankreich. Europa ist gut. Und er wird es schon schaffen hierzubleiben, dessen ist er sicher.
Viele daheim denken so wie er, behauptet er. Nicht nur in Somalia. Sondern auch in Äthiopien. Sogar in Kenia, wo es viele Touristen gibt, die viel Geld mitbringen. Alle wollen nach Europa.

Nach Schätzungen des Hochkommissariats für Flüchtlinge der Vereinten Nationen (UNHCR) irren zur Zeit etwa 20 Millionen Menschen auf der Suche nach einem Asyl durch die Welt. Die meisten, nämlich fast die Hälfte, kommen aus dem Nahen Osten. Allein über zweieinhalb Millionen Palästinenser haben ihre Heimat verlassen; viele hausen in primitiven Lagern am Rande der Wüste. Ebenso viele kommen aus Afghanistan. Der Krieg zwischen dem Irak und dem Iran und der Golfkonflikt haben weitere Hunderttausende aus ihrer Heimat vertrieben.
In Afrika sind über dreieinhalb Millionen auf dem Marsch ohne ein Ziel. Sie kommen aus der West-Sahara, aus Angola und Mosambik, aus Äthiopien, Somalia und dem Sudan wie aus den Hungergebieten der Sahelzone. In Südostasien verließen anderthalb Millionen Vietnam und Kambodscha; dazu kamen Hunderttausende aus Sri Lanka, Bangladesch, Pakistan. Eine weitere Million Hoffnungsloser aus Haiti, Nicaragua, El Salvador und Mexiko suchen Zuflucht im reichen Nordamerika.
Sie flüchteten vor Kriegen wie im Nahen Osten, vor Bürgerkriegen wie auf Sri Lanka, in El Salvador und im südlichen Afrika, vor Diktatoren wie in Kambodscha oder auf Haiti oder einfach vor dem Hunger. Für einen Menschen, der sich und seine Familie nicht mehr schützen und nicht

mehr ernähren kann, ist es ziemlich gleichgültig, ob der Grund dafür ein Krieg, Stammeskämpfe, Religionsstreitigkeiten, willkürliche Verhaftungen oder einfach das Fehlen von Lebensmitteln ist. Der Ausdruck »Wirtschaftsflüchtlinge« ist deshalb schlicht eine Diffamierung der Armen dieser Welt durch die Reichen. Niemand verläßt freiwillig seine Heimat. Ob er es aus Angst, umgebracht zu werden, oder aus Hunger tut, macht deshalb letztlich keinen Unterschied. Er tut es immer nur aus Not.

Zwanzig Millionen Menschen irren heute auf der Suche nach einem Unterkommen, einem Asyl und etwas zu essen durch die Kontinente. Sie kommen – abgesehen von einigen osteuropäischen Ausnahmen – fast alle aus der Dritten Welt. Und durch ihre Flucht erschweren sie zunächst die Lage in ihren eigenen Ländern noch weiter. Denn auf den Äckern derer, die fortgingen, wird nichts mehr angebaut; daher fehlen Nahrungsmittel in den Städten. Und der Ingenieur, der Lehrer, der Facharbeiter, der sein Land verläßt, hinterläßt eine Lücke, die in Ländern, denen häufig gerade Fachkräfte fehlen, oft nicht leicht zu schließen ist. Wenn aber Höfe veröden, Betriebe schließen, Jugendliche nichts mehr lernen können, machen sich weitere auf den Weg.

Hunger, Not und Angst in vielen Staaten der Dritten Welt haben eine weltweite Völkerwanderung ausgelöst. Sie verläuft von Süden nach Norden. Und sie verursacht im Süden weiterwachsenden Mangel und im Norden zunehmende Angst. Angst vor einer Invasion vorwiegend Farbiger in vorwiegend von Weißen bewohnte Gebiete. Angst vor dem Eindringen Armer und Unbehauster in die Häuser und Villen satter Reicher.

Die meisten derer, die flüchten, erreichen dabei zunächst

gar nicht das Ziel, von dem sie träumen. Vietnamesen, die nach Frankreich streben, kommen gerade bis Hongkong und werden, da es in der engen Stadt bereits Hunderttausende von Flüchtlingen gibt, wieder in ihre Heimat zurückgeschickt. Salvadorianer kommen gerade bis Mexiko, das selbst unter Millionen Arbeitsloser leidet, und vergrößern hier das Heer der Slumbewohner. Äthiopier landen im vom Bürgerkrieg geschüttelten Sudan. Kurden irren zwischen dem Irak, dem Iran und der Türkei hin und her und vergrößern überall das Rebellenheer der Verfolgten. Und jene, die die Hälfte oder sogar zwei Drittel des Weges zum erstrebten Ziel geschafft haben, wie die Bengalen in Kuwait oder die Pakistaner in Ostafrika, geraten dort oft in eine Welle plötzlich aufflammender Fremdenfeindlichkeit und werden erneut vertrieben.

Die Flüchtlinge aus den Nachbarländern vergrößern die Not und den Mangel in der Dritten Welt noch mehr. Die Zahl der Staaten unter der Armutsgrenze, der »least developed countries«, ist im Laufe des letzten Jahrzehnts von 31 auf 42 gestiegen. Das ist ein Viertel der Mitglieder der UNO. Das heißt praktisch: Jedes vierte Land der Welt kann seine Bürger nicht mehr ernähren. Und ihre Zahl steigt weiter.

Bei der Suche nach den Ursachen beschuldigen zunächst einmal beide Seiten sich gegenseitig. Ich habe bei meinen Reisen unzählige solcher Diskussionen erlebt.

»Die Kolonialmächte haben uns ausgeplündert«, erklärt der dunkelhäutige Minister, »darunter leiden wir noch heute.«

»Die Farbigen sind einfach nicht in der Lage, ihren Staat und ihre Wirtschaft zu organisieren«, versichert sein weißer Kollege und folgert daraus heimlich, ohne es offen

auszusprechen, die Kolonialherrschaft habe viel zu früh aufgehört.
Die Industriestaaten zahlen viel zu niedrige Preise für die Rohstoffe, von deren Export die Dritte-Welt-Länder in erster Linie leben, beklagen sich deren Bewohner. Die Bürger der Industriestaaten werfen den Regierungen der farbigen Länder auf der anderen Seite vor, sie versuchten anstelle von Gütern und Waren ihre Bevölkerungsüberschüsse zu exportieren.
Das Merkwürdige bei alldem ist, daß entgegen allen Behauptungen ein weltweiter Mangel an Nahrungsmitteln und Konsumgütern trotz der fast überall steigenden Bevölkerung bis heute nicht zu verzeichnen ist. Es fehlt nicht an Getreide, Fleisch, Fett, Milch, Gemüse oder Obst, um die auf der Welt lebenden über fünf Milliarden Menschen zu ernähren. Auch Wolle, Baumwolle, Leder für ihre Bekleidung, Öl und Kohle für ihren Energiebedarf, Kupfer, Zink, Aluminium, Holz für die Industrieprodukte sind bisher ausreichend vorhanden. Selbst Wasser gibt es – noch – genug.
Von vielen Dingen gibt es sogar zuviel. Wir produzieren mehr Kupfer und Kaffee, mehr Autos und Hemden, sogar mehr Weizenmehl und Schweinefleisch, als wir brauchen und verbrauchen können. Deshalb gibt es ja immer wieder Absatzkrisen. Deshalb rutschen die Rohstoffpreise ja immer wieder in den Keller. Deshalb sind bei uns im Norden die Kühlhäuser überall vollgestopft mit nicht absetzbaren Lebensmitteln, liegen unzählige Halden voller Kohle und unverkäuflicher Autos. Aber im Süden der Erde fehlt vieles davon.
Bei einem Aufenthalt in Bangladesch, einem der ärmsten Länder unserer Welt, hat mich ein dortiger Freund, der

Augenarzt Dr. Rabiul Husain in Chittagong, einmal gefragt, ob es nicht möglich sei, die Schulkinder seines Landes regelmäßig mit Gemüse und Obst zu versorgen, weil das bei der Bekämpfung der außerordentlich hohen Erblindungsrate in Bangladesch nützlich sein könnte. »Wir wollen euch da nichts wegnehmen«, fügte er hinzu, »aber bei meinem letzten Europabesuch habe ich festgestellt, daß ihr jedes Jahr riesige Mengen von Obst und Gemüse für viel Geld vernichtet, weil ihr es nicht verkaufen könnt – und wir könnten das hier so gut brauchen.« Ich habe diese Bitte Anfang der achtziger Jahre bei einer Podiumsdiskussion in Hamburg über die astronomischen Kosten der alljährlichen Obst- und Gemüsevernichtungsaktionen der EG in die Debatte geworfen. Darauf erklärte mir ein anwesender Vertreter des Bundesernährungsministeriums, diese Anregung sei zwar verständlich, aber praktisch leider nicht zu verwirklichen. Denn aus technischen Gründen sei es einfach nicht möglich, leicht verderbliche Lebensmittel in Länder der Dritten Welt zu bringen.

Ich habe diese Antwort nie vergessen, weil sie mir so absurd erschien. Da fliegen wir zum Mond, schicken Raumsonden zu Mars und Venus, konstruieren nicht nur, sondern produzieren Bomben, mit deren Hilfe wir halbe Erdteile »ausradieren« können, wie Hitler es formulieren würde. Aber Obst und Gemüse in Länder der Dritten Welt zu transportieren, wo Menschen hungern, dazu sind wir aus technischen Gründen angeblich nicht in der Lage.

Ich erhielt an jenem Abend Unterstützung von einigen jungen Leuten im Saal, die ihrem Ärger über die ablehnende Antwort mit dem Hinweis auf die vielen Obst- und Gemüsesäfte Luft machten, die man in unseren Läden findet, und die man doch ganz einfach per Schiff transpor-

tieren könne; Bier und Whisky in Flaschen transportiere man ja schließlich auch.
Der Herr vom Ministerium erwiderte, eine derartige Saftproduktion erfordere spezielle Produktionsanlagen, und da man nicht wisse, ob im nächsten Jahr abermals ein entsprechender Obst- und Gemüseüberschuß anfalle, rentiere sich eine solche Investition leider nicht und sei deshalb nicht »praktikabel«.
Hier liegt denn auch der wahre Grund für die lebensgefährliche Diskrepanz zwischen Überfluß und Mangel in unserer Welt und damit für die zunehmende Flüchtlingszahl in den Dritte-Welt-Ländern und die daraus resultierende Völkerwanderung von Süd nach Nord. Es besteht kein weltweiter Mangel an Nahrungsmitteln und Waren. Sondern es gibt nur Probleme bei der Verteilung. Oder, deutlicher formuliert, es gibt Rentabilitätsprobleme. Nahrungsmittel wie Waren gibt es genug. Die sie produzieren, besitzen sogar oft viel mehr als genug davon. Aber denen sie fehlen, die können sie nicht bezahlen. Das gilt für Fleisch und Weizenmehl genauso wie für Autos und Maschinen, für Kunstdünger und Medikamente genauso wie für Eisenbahngleise, Lastwagen und Straßen.
Bei uns im Norden ist fast alles, was gebraucht wird, im Überfluß vorhanden. Aber der Süden, der es braucht, hat nicht das Geld, um dem Norden seine Überschüsse abzukaufen. Da liegt das Problem. Eine ähnliche Situation gab es in Deutschland, als 1989/90 der »Eiserne Vorhang« durchlässig wurde. Damals fehlte es in Ostdeutschland an vielem, und in Westdeutschland hatten wir fast alles im Überfluß. Daher kam damals im Osten der Slogan auf: »Wenn die D-Mark nicht zu uns kommt, gehen wir zu ihr.«

Und die Bewohner der damaligen DDR zögerten nicht, diese Parole in die Tat umzusetzen. Sie kamen zu Zehntausenden in die Bundesrepublik, bis man es hier mit der Angst bekam und die D-Mark hinüberschickte.
Die Ostdeutschen damals hatten es leicht. Sie waren unsere »Brüder und Schwestern« und konnten also nicht zurückgewiesen werden. Bei farbigen Afrikanern, Asiaten und Lateinamerikanern können wir das. Zumindest vorläufig. Und theoretisch. Ob es auf Dauer praktisch möglich sein wird, wenn Hunger und Not im Süden unserer Erde weiter zunehmen und die Zahl der Flüchtlinge von dort weitersteigt, erscheint mir fraglich. Und anderen offenbar auch. ◂

Der Sog der großen Städte

■ Der Lastwagen hält vor der kleinen Gastwirtschaft. Der Beifahrer steigt aus, klappt die Seitenplanke herunter, holt vier Kästen mit Colaflaschen heraus und stellt sie neben die Hinterräder des Wagens. Der dunkelhäutige Mann ist klein und schlank wie die meisten Indonesier, und die Kästen mit den vollen Flaschen sind schwer. Er ächzt leise, als er den Kasten hochnimmt und ihn durch den Bambusvorhang in die Wirtschaft trägt.
Als er hereinkommt, bricht das Gespräch in dem Gastraum jählings ab. Schweigend beobachten die fünf Männer, die in der Ecke sitzen, wie er den Kasten mit den vollen Flaschen hinter der Theke absetzt und dafür einen

Kasten mit leeren Flaschen hinausträgt. Als er das zweite Mal kommt, steht einer der fünf auf, schlendert wie zufällig durch den Raum und stellt dem Fremden, als dieser auf dem Rückweg an ihm vorbeikommt, ein Bein, so daß der stolpert und, um nicht zu stürzen, den Kasten fallenläßt. Scheppernd rollen die Flaschen durch den Raum.

Der Mann fängt sich im letzten Augenblick, dreht sich um und greift nach einem Lederfutteral an seinem Gürtel. Der Einheimische steht ihm abwartend gegenüber. Seine Freunde sind aufgestanden und haben sich hinter ihn gestellt. Alle starren den Fremden schweigend an. Der zögert eine Weile, löst dann langsam die Hand von dem Futteral, bückt sich, sammelt die leeren Flaschen ein und verläßt den Raum. Beim Hereintragen der restlichen Kästen begleitet ihn der Lastwagenfahrer. Die Einheimischen setzen sich wieder. Es fällt kein Wort. Nach Ablieferung des letzten Kastens legt der Fahrer einen Schein auf den Tresen. Der Wirt unterschreibt schweigend. Er sieht dabei niemanden an.

Als der Lastwagen längst fort ist und die Gäste das Lokal verlassen haben, bestelle ich eine weitere Flasche Cola. Als der Wirt sie bringt, frage ich ihn nach den Gründen des seltsamen Zwischenfalls. Er zögert eine Weile. Dann erklärt er mir, es habe im Nachbardorf früher eine kleine Limonadenfabrik gegeben; bei der habe er seine Limonade bezogen. Aber dann sei die Colafirma gekommen und habe ihm bessere Bedingungen angeboten; außerdem sei Cola bei den Jungen heute populärer als Limonade. Deshalb habe er gewechselt. Später ist die Limonadenfabrik dann eingegangen. Und die dort tätig waren, haben ihre Arbeit verloren. Der Mann, der dem Fremden ein Bein gestellt hat, war einer von ihnen.

Die Abfüllanlage der Colafirma liegt westlich von Djakarta, über 800 Kilometer von dem Dorf entfernt. Trotzdem war eine Flasche Cola billiger als die Flasche Limonade aus dem Nachbardorf. Denn die Abfüllanlage bei Djakarta arbeitet mit hochmodernen Maschinen. Und sie beschäftigt kaum Arbeiter. Er war einmal dort und hat sie sich angesehen.
Daß die Leute hier, die ihre Arbeit verloren haben, böse sind, kann er verstehen. Auch der Bürgermeister ist verärgert, weil die schweren Lastwagen der Firma die Dorfstraße ruinieren. Die meisten großen Firmen, besonders die aus dem Ausland, siedeln sich bei Djakarta an. Denn in der Hauptstadt gibt es schöne Häuser für die Direktoren und große Hotels und elegante Bars. Vor allem die Ausländer finden dort alles, was sie brauchen.
Für die Menschen in der Provinz ist das allerdings weniger gut. Die kleinen, alteingesessenen Betriebe können mit den großen, modernen Fabriken nicht konkurrieren. Daher müssen viele von ihnen aufgeben, und die bei ihnen Beschäftigten verlieren ihre Arbeit. Vor allem von den Jungen gehen viele fort und ziehen in die Stadt.
Es ist bestimmt nicht gut, daß die großen Fabriken alle nach Djakarta gehen, sagt er. Es wäre besser, wenn wenigstens einige von ihnen in die Provinz kämen, damit es hier Arbeit gibt und die Menschen hier Geld verdienen können. Aber daran sind die Fremden nicht interessiert. Und sie haben schließlich das Geld.

Über zweihundert kleine und mittlere Limonadenfabriken allein auf der indonesischen Hauptinsel Java haben seit der Gründung der zentralen Cola-Abfüllanlage bei Djakarta ihre Betriebe schließen müssen. Die Besitzer verloren ihre

Existenz. Und die bei ihnen Beschäftigten wurden arbeitslos.
Viele haben ihre Dörfer verlassen und sind nach Djakarta gegangen in der Hoffnung, dort Arbeit zu finden. Für die meisten hat sich diese Hoffnung jedoch nicht erfüllt. Sie vegetieren nun in den ständig wachsenden Slums und der Zehnmillionenstadt und vergrößern die Zahl der Hungernden und deshalb Unzufriedenen.
Die Cola-Abfüllanlage ist nur ein Beispiel für viele. Teigwaren und Schuhe, Kleider und Zigaretten, Papier, Plastikwaren, Fahrräder und Radioapparate werden heute in oder bei Djakarta hergestellt. Selbst Stahl- und Sägewerke haben sich in der Umgebung der Hauptstadt angesiedelt. Sie beliefern von hier aus die ganze Insel, deren fast 100 Millionen Bewohner über die Hälfte der indonesischen Bevölkerung stellen. Ihre schweren Lastwagen zerstören die für einen solchen Verkehr nicht gebauten Straßen. Und während sich in den Elendsvierteln der Hauptstadt immer mehr Menschen zusammendrängen, verödet das Land.
Djakartas gibt es überall in der Dritten Welt. Lagos und Rio de Janeiro, Buenos Aires, Bombay und Kalkutta, Karatschi, Lima, Abidjan und Casablanca – überall drängt sich die Industrie in und um die großen Städte herum zusammen. Und die meisten der neu hinzukommenden Unternehmen gehen dorthin, wo die anderen schon sind.
Das geht nicht zuletzt auf eine Tradition aus der Kolonialzeit zurück. Die Europäer landeten an den Küsten, legten dort Häfen an und errichteten in ihnen ihre Verwaltungszentren für die eroberten Gebiete. Denn die Hafenstadt an der Küste bot eine ungefährdete Verbindung übers Meer zur Heimat. Dort konnte man bei Bedarf rasch Truppen und Polizei ausladen, um, wenn nötig, im Inneren des

Landes »Ordnung zu schaffen«. Und dort konnte man die Waren und Produkte der Kolonie lagern, bevor man sie ins »Mutterland« verschiffte.
Aus diesem Grunde liegen auch heute noch zahlreiche Hauptstädte der jungen Staaten der Dritten Welt an der Küste und damit am äußersten Rande des Landes – weil das damals den Interessen der Kolonialmächte entsprach. Und deren Vorbild folgen die meisten der heutigen Konzerne aus den im Grunde gleichen Motiven. Die in Asien, Afrika und Lateinamerika neu entstehenden Betriebe sind in Wahrheit ja meist nur Außenposten. Das kommerzielle Herz der neu errichteten Unternehmen schlägt meist im fernen Norden, in Europa oder Nordamerika. Dort werden die Entscheidungen über Investitionen, über Produktionssteigerung oder auch Stillegung gefällt. Dorthin fließen die Gelder. Dort legt man daher Wert darauf, daß diese Betriebe von außerhalb gut erreichbar und zugänglich sind. Deshalb errichtet man sie gern im Umfeld der alten Handelszentren an der Küste, auch wenn dies zuweilen lange Wege zu den im Inneren des Landes lebenden Massen der Kunden erforderlich macht.
Solange es sich um Entscheidungen privater Unternehmen handelt, läßt sich dagegen nur schwer etwas sagen. Sie setzen ihr Kapital ein, folglich beanspruchen sie auch das Recht zu entscheiden, wo und in welcher Form das geschieht. Schließlich tragen sie das Risiko.
Etwas anderes ist es, wenn Regierungen von Industriestaaten Steuergelder ihrer Bürger im Rahmen sogenannter Entwicklungshilfe zum Einsatz bringen. Hier geht es ja in erster Linie nicht darum, viel Geld zu verdienen. Mit solchen Geldern sollen – theoretisch – ja keine Gewinne für die Geber erzielt werden, sondern es soll vor allem der

Wirtschaft von Ländern der Dritten Welt geholfen werden, die in Schwierigkeiten sind. Deshalb sollten diese Gelder eigentlich so eingesetzt werden, daß sie vor allem dem Empfänger und nicht so sehr dem Geber nützen.
Die meisten Staaten der Dritten Welt brauchen aber vor allem die Hilfe für ihr »Hinterland«, für die verkehrsmäßig meist ungenügend erschlossene Provinz, für die kleinen Städte und Dörfer und die Menschen, die dort leben. Nicht nur, um sie vor dem Verhungern zu schützen. Sondern vor allem, um sie dort zu halten, um sie davon abzubringen, in die Großstädte abzuwandern.
Das liegt sowohl in deren eigenem Interesse wie auch in dem ihrer Länder. Denn für sie sind die Chancen in der Großstadt fast immer schlechter als in der Provinz. Und ihr Staat braucht sie ebenfalls in den Dörfern und kleinen Städten, damit das Land nicht verödet, nicht dagegen in den Großstädten, wo er sie nicht ernähren kann. Denn in den meisten Ländern der Dritten Welt spielt die Landwirtschaft nach wie vor eine wichtige, nicht selten sogar eine entscheidende Rolle. Sie ernährt die Menschen und produziert darüber hinaus in erheblichem Maße Nahrungsmittel für den Export. Sie bringt also Devisen. Hauptaufgabe der Industrie dagegen ist hier fast überall in erster Linie nicht der Export, sondern die Deckung des Bedarfs der eigenen Bevölkerung.
Deshalb brauchen diese Länder viele kleine und mittlere Betriebe, die nach Möglichkeit über das ganze Land verstreut sind. Das entlastet die Verkehrswege und erleichtert die Versorgung der Bevölkerung. Das schafft Arbeitsplätze dort, wo die Menschen leben. Und es trägt zumindest mittelbar zur Verbesserung der Infrastruktur dieser Länder bei. Denn wo produziert wird und wo Absatz-

chancen bestehen, da wächst automatisch auch das öffentliche Interesse an einer verbesserten Kommunikation mit bislang nur schwer erreichbaren Gebieten. ◂

Maschinen stehlen die Arbeit

■ Bandung ist die zweitgrößte Stadt Indonesiens. Hier trafen sich 1955 zwei Dutzend asiatische und afrikanische Staats- und Regierungschefs und verabschiedeten auf Anregung von Nehru die »Fünf Prinzipien der friedlichen Koexistenz« farbiger Staaten. Die Tatsache, daß kein Weißer zu dieser Konferenz geladen war und an ihr teilnahm, löste bei den Europäern, die daran gewöhnt waren, daß sie das Schicksal der Welt bestimmten, damals einen tiefen Schock aus.

Bei einem Aufenthalt in Bandung Ende der siebziger Jahre zeigt mir der Vertreter eines großen deutschen Elektrokonzerns voller Stolz ein modernes Eisenbahnstellwerk, wenige hundert Meter von dem Bahnhof von Bandung entfernt. Die von deutschen Technikern installierte Weichenstellanlage funktioniert vollautomatisch. Arbeitskräfte für eine Bedienung der Anlage sind hier nicht erforderlich.

Auf der Strecke, die von dieser Weiche bedient wird, verkehren pro Stunde zwei Züge. Bisher wurde die Anlage von drei Angestellten bedient, die sich gegenseitig ablösten. Das von Hand bediente Stellwerk bot also drei Familien mit insgesamt etwa 25 bis 30 Menschen ein Auskom-

men. Die neue Anlage, die über eine Million Mark gekostet hat, macht die drei Arbeitsplätze überflüssig. Sie spart also Geld.
In einem Industriestaat wie Deutschland rechnet sich das. Denn entsprechend unserem Lebensstandard sind Löhne und Gehälter bei uns hoch. Die Gehälter der drei in dem Stellwerk beschäftigten Indonesier waren dagegen äußerst gering. Und Indonesien leidet wie viele Länder der Dritten Welt unter einem Überangebot von Arbeitskräften. Hier sind daher einfache Maschinen gefragt, die Arbeitsplätze schaffen, nicht dagegen supermoderne Installationen, die Arbeitsplätze beseitigen. Denn Arbeitslose belasten den ohnehin nicht ausreichenden Sozialetat dieser Staaten und sind außerdem politische Unruhefaktoren. Das vollautomatische Stellwerk nützt, sozialpolitisch gesehen, dem Land also nicht, sondern schadet ihm eher.
Hinzu kommen die Kosten. Komplizierte Installationen sind nicht nur in der Anschaffung teuer, sondern werden, besonders in technisch nicht so versierten Entwicklungsländern, häufig noch teurer im Betrieb. Wenn an der neuen Anlage nämlich ein Schaden eintritt, können sich die Kosten der Reparatur sehr schnell auf ein paar Dutzend der eingesparten Angestelltengehälter belaufen, weil ausländische Fachkräfte hinzugezogen werden müssen, gibt mir der Vertreter des Elektrokonzerns zu. In Europa, wo Arbeitskräfte teuer, Reparaturen wegen der besseren technischen Kenntnisse dagegen häufig billiger sind, mag sich eine solche Anlage rechnen. In Entwicklungsländern dagegen rechnet sie sich meistens nicht.
Trotzdem finden sich solche modernen, komplizierten und daher kostspieligen Maschinen, Anlagen und Installationen überall in der Dritten Welt. Wer ihre Länder auf-

merksam durchstreift, begegnet ihnen auf Schritt und Tritt. Fragt man ihre Lieferanten, warum sie nicht einfachere, billigere und daher für die Bezieher nützlichere Produkte geliefert haben, erhält man fast unausweichlich zur Antwort: »Die Regierungen dieser Länder bestehen darauf, daß wir ihnen unbedingt das Neueste und Modernste liefern, und das ist naturgemäß meist auch das Komplizierteste und Teuerste.«

Ich will nicht bestreiten, daß es solche Forderungen in erheblichem Umfang gegeben hat und gelegentlich auch heute noch gibt. Vor allem in den ersten Jahren nach Erhalt der Unabhängigkeit haben die neuen Staatschefs und Minister häufig »das Neueste« oder »das Modernste« verlangt. Dies ging nicht selten darauf zurück, daß die abziehenden Europäer versucht hatten, den unerfahrenen neuen Herren alte Ladenhüter aufzuschwatzen, die sie noch irgendwo liegen hatten.

Mir hat zum Beispiel Kwame Nkrumah, der erste Präsident von Ghana, einmal offen zugegeben, daß er nach einem solchen Reinfall einem zweiten, wesentlich gerisseneren europäischen Lieferanten auf den Leim gegangen war.

»Der hat mir für den neuen Hafen von Themar, den wir damals planten, supermoderne und daher besonders teure Krananlagen aufgeschwatzt, die ich auch prompt bestellt habe, weil ich ein halbes Jahr vorher von einem anderen mit alten und inzwischen völlig überholten Maschinen aufs Kreuz gelegt worden war«, berichtete er achselzuckend. »Hinterher haben wir dann festgestellt, daß die neuen teuren Dinger für unseren Hafen erst recht unbrauchbar waren. So wird man eben ausgenommen, wenn man neu ist und sich noch nicht auskennt.«

Heute wird angesichts der wachsenden Schulden und der dementsprechend steigenden Zinsverpflichtungen in den meisten Hauptstädten der Dritten Welt dagegen sehr sorgfältig gerechnet. Und gegenteilige Behauptungen europäischer oder nordamerikanischer Lieferanten sind in den meisten Fällen nichts als faule Ausreden und Beschönigungen anrüchiger Geschäfte.
Wenn trotz der wachsenden Sparsamkeit in den Staaten der Dritten Welt nach wie vor immer wieder teure und wegen ihrer technischen Kompliziertheit ungeeignete Produkte bestellt und dorthin geliefert werden, so hat das andere Gründe.
Der eine ist die Korruption. Da ein Lieferant an einer teuren Maschine mehr als an einer billigen verdient und da bei der teuren außerdem noch die Aussicht auf wahrscheinlich anfallende einträgliche Reparaturaufträge hinzukommt, ist er meist gern bereit, einiges Geld aufzuwenden, um ein paar einflußreiche Persönlichkeiten für eine Befürwortung der teuren Installation zu gewinnen. Und wenn ein gut»geschmierter« Ministerialbeamter oder Staatssekretär seinem Minister ans Herz legt, lieber das teurere Gerät zu kaufen, weil es moderner und damit »natürlich auch besser« sei, ist ein womöglich noch mit einem schönen Auto beglückter Minister häufig nur allzugern bereit, diesem Vorschlag zuzustimmen.
Hinzu kommt ein zweiter Grund. Lieferanten liefern lieber etwas, was sie bereits »im Angebot« oder auf Lager haben, als etwas, was der Kunde zwar braucht, was sie aber erst für ihn anfertigen oder gar erst entwerfen müssen. Es ist billiger für sie.
Dafür ein Beispiel aus Bangladesch. Rückgrat des dortigen Verkehrsnetzes ist bis heute die von den Engländern in der

Kolonialzeit errichtete Eisenbahn. Um dem Land zu helfen, hatte das bundesdeutsche Entwicklungsministerium eine Eisenbahnreparaturwerkstatt finanziert, die für Bangladesch von gar nicht zu überschätzendem Nutzen und für die Bundesrepublik nicht allzu teuer war.
Dann schickte jedoch ein großer deutscher Elektrokonzern einen mit viel Geld ausgestatteten Repräsentanten nach Dakka, der der dortigen Regierung die Installation eines modernen Digital-Telefonnetzes ans Herz legte. Dieses war zwar sehr viel teurer als die Eisenbahnreparaturwerkstatt und für ein armes Agrarland wie Bangladesch auch ziemlich überflüssig. Aber aufgrund »geschickter Überredung« und entsprechender Unterstützung aus Bonn gelang es dem Konzern trotzdem, die Regierung von Bangladesch vom Nutzen eines solchen Telefonnetzes zu überzeugen.
Für die deutsche Firma rentierte sich das besonders, weil solche Anlagen für die Industriestaaten ohnehin in der Produktion waren, so daß ihr keinerlei zusätzliche Entwicklungskosten entstanden. Und die bundesdeutsche Entwicklungshilfe sparte die durch die Mitfinanzierung der Telefonanlage entstehenden Kosten dadurch wieder ein, daß die Finanzierung der Eisenbahnreparaturwerkstatt gestrichen wurde.
Ein Beamter im Bonner Entwicklungshilfeministerium, dem ich die dadurch für Bangladesch entstehenden Nachteile vorhielt, erwiderte mir achselzuckend: »Das mag bedauerlich sein. Aber für uns ist es vorteilhaft. Eisenbahngerät, was die für ihre altmodische Anlage brauchen, produzieren wir überhaupt nicht, das müßten wir also entweder extra anfertigen, was Kosten verursacht, oder jemand anders müßte das produzieren, und daran sind wir

schließlich nicht sonderlich interessiert. Die Telefonanlage dagegen sichert deutsche Arbeitsplätze. Und wenn die so eine Anlage wirklich nicht brauchen, hätten sie sie ja nicht zu bestellen brauchen.«

Motto: Geliefert wird in die Dritte Welt nach Möglichkeit das, was wir ohnehin – für uns – produzieren, nicht aber Dinge, mit denen wir ihnen helfen können, die wir aber dafür extra herstellen müßten. Entwicklungshilfe bedeutet nach Auslegung hiesiger Stellen in erster Linie Hilfe für uns und erst in zweiter Linie auch Hilfe für die Dritte Welt – vorausgesetzt, es verursacht uns nicht allzuviel Mühe und Kosten.

Hauptaufgabe des Bonner Ministeriums für wirtschaftliche Zusammenarbeit ist, wenn man die von den dortigen Beamten angelegten Auswahlmaßstäbe für Projekthilfen untersucht, somit nicht selten eine verschleierte Subvention deutscher Unternehmen, eine Art Exportsubvention für Lieferungen in nicht zahlungskräftige Staaten. Eigentlich sollte man dem Ministerium deshalb einen anderen Namen geben – etwa: Ministerium für Exportsubventionen. Aber das würde den Zweck unserer »Hilfe« allzu deutlich offenbaren. Und außerdem klingt es auch viel weniger schön.

Um Mißverständnissen vorzubeugen: So verhalten sich nicht nur die Deutschen. So verhalten sich auch Briten und Franzosen, Italiener und Spanier, Sowjetrussen und US-Amerikaner. So verhalten sich alle Industrienationen des Nordens gegenüber dem Süden. ◀

Die Wirkung der Brosamen

■ Die vier Baracken liegen am Rande eines Dorfes, knapp 50 Kilometer südlich der kambodschanischen Hauptstadt Pnom Penh, eine davon wird als Hilfskrankenhaus benutzt.

In jeder der drei Wohnbaracken sind etwa dreißig Kinder untergebracht. Jungen und Mädchen zwischen sechs und vierzehn Jahren, Waisenkinder. Ihre Eltern wurden von den Roten Khmer während ihrer Herrschaft über Kambodscha zwischen 1975 und 1978 erschlagen. Weil sie Lehrer oder Ärzte oder Ingenieure oder Bürgermeister gewesen waren; oder weil sie lesen und schreiben konnten oder auch nur eine Brille trugen und deshalb als »Intellektuelle« galten, die den von Pol Pot geführten und von China unterstützten Steinzeitkommunisten als »Schädlinge des Volkes« galten.

Viele der Kinder starben. Einige überlebten. Manche hatten ein Bein oder einen Arm verloren, litten an Tuberkulose, Malaria oder Hungerödemen. Nach der Vertreibung der Roten Khmer durch die ins Land eingedrungenen Vietnamesen wurden die, die überlebt hatten, in improvisierten Barackenlagern gesammelt, damit sie nicht verhungerten. Sie bekamen eine Handvoll Reis pro Kopf und Tag, dazu etwas Gemüse, gelegentlich ein bißchen Fleisch. Denn viel hatten die Vietnamesen selber nicht. Zweimal in der Woche kam ein vietnamesischer Arzt, der nach ihnen sah. Denn die kambodschanischen Ärzte waren fast ausnahmslos von den Roten Khmer umgebracht worden.

Als ich im Herbst 1979 in das kleine Lager komme, geht es den Kindern dort allerdings schon etwas besser. Die briti-

sche Hilfsorganisation OXFAM hat ihre Betreuung übernommen. Die Kinder erhalten Vitamine, Medikamente, satt zu essen. Ein britischer Arzt betreut die Kranken. Eine britische Krankenschwester, unterstützt von mehreren kambodschanischen Helfern, kümmert sich um sie.
»Ich habe gar keinen Hunger mehr«, versichert mir die 14jährige Mom, Tochter eines von den Roten Khmer erschlagenen Lehrers, mit Hilfe eines kambodschanischen Krankenpflegers, der etwas französisch spricht, »und mein Bauch tut auch nicht mehr weh.« Ihre Freundin, die 13jährige Phalle, wiegt bereits 31 Kilo; vor acht Wochen, als die Helfer von OXFAM die Betreuung des Lagers übernahmen, hatte sie nur 22 Kilo gewogen.
Europäische Hilfsorganisationen bemühen sich, die Not zu lindern. Ich selbst bin mit einer Chartermaschine einer deutschen Hilfsorganisation nach Pnom Penh gekommen, die Medikamente nach Kambodscha brachte. Ohne die Hilfe aus Europa wären nach den von den Roten Khmer ermordeten zwei Millionen sicherlich noch mindestens hunderttausend weitere Kambodschaner umgekommen.
»Was die europäischen Hilfsorganisationen für unser Volk getan haben, werden wir ihnen nie vergessen«, sagt mir Chiem Bem Rong, ein Angestellter im kambodschanischen Außenministerium. »Ohne ihre Hilfe hätten wir auch noch unsere Kinder verloren.«

Die Bedeutung westlicher humanitärer Hilfe für Kambodscha nach der Vertreibung der mörderischen Roten Khmer verdient höchste Anerkennung. Das Land hatte schon vor der Machtübernahme durch die Steinzeitkommunisten unter den Folgen des Vietnamkrieges schwer gelitten. Und die Vietnamesen, die nach der Vertreibung

der Roten Khmer praktisch die Herrschaft im Lande übernommen hatten, waren selber so arm, daß sie beim besten Willen kaum etwas für die Kambodschaner tun konnten. Nur – wer hatte Kambodscha in diese Lage gebracht?
Ursache und Ausgangspunkt der kambodschanischen Tragödie war der Vietnamkrieg, letztlich ausgelöst durch die Teilung Vietnams, also durch den Ost-West-Konflikt. Aus dem Vietnamkrieg hatte sich Kambodscha unter der Regierung des Prinzen Sihanouk mit allen nur denkbaren Mitteln herauszuhalten versucht. Aber die von Moskau unterstützten Nordvietnamesen hatten Kambodscha als Nachschubbasis benutzt und die Duldung der Versorgung der südvietnamesischen Guerilla über den berühmten Ho-Chi-Minh-Pfad erzwungen. »Zur Strafe dafür« hatten die Amerikaner das neutrale Land durch ihre Flugzeuge immer wieder mit Bomben belegen lassen.
Die Folge der ost-westlichen Militäraktionen in dem neutralen Land waren die Vertreibung des dort noch heute beliebten Prinzen Sihanouk durch die von Peking gesteuerten Roten Khmer und deren anschließende Mordaktionen. Dies alles war somit unmittelbar eine Folge des Vietnamkrieges, anders ausgedrückt, ein Werk der auf Kosten Dritter um die Macht ringenden Großmächte der Ersten und der Zweiten Welt. Die Kambodschaner selbst traf mit Sicherheit keinerlei Schuld daran. Insofern war, wie ich meine, die humanitäre Hilfe der Westeuropäer keine hoch zu lobende selbstlose »gute Tat«, sondern im Grunde nur unsere »verdammte Pflicht und Schuldigkeit«, um das, was wir mit angerichtet hatten, wenigstens zu einem kleinen Teil wiedergutzumachen.
Noch weniger Anlaß zum Lob verdient die europäische Hilfsaktion, wenn man das politische Verhalten der West-

europäer in Betracht zieht. Sie taten nämlich gar nichts. Und als die Vietnamesen die Mörderbande Pol Pots verjagt hatten, atmeten Washington und die europäischen Regierungen keineswegs erleichtert auf, sondern versuchten vielmehr, den Befreiern von der blutigen Pest alle nur denkbaren Schwierigkeiten in den Weg zu legen. Denn Vietnam war ja mit Moskau verbündet. Und auch wenn die Vietnamesen mit ihrer Aktion, zunächst einmal menschlich gesehen, ohne Zweifel etwas Positives bewirkt hatten, durfte der Westen dies natürlich nicht anerkennen. Denn ein Lob hätte ja einem Verbündeten Moskaus gegolten, der – das sei ohne jede Beschönigung zugegeben – mit seiner Aktion natürlich auch sehr eigensüchtige politische Ziele verfolgte. Trotzdem blieb der positive Effekt. Aber den nahm der Westen nicht zur Kenntnis, sondern die westlichen Regierungen – auch die in Bonn – erkannten weiterhin die vertriebene Mörderbande der Roten Khmer offiziell als angeblich legale Vertretung Kambodschas in der UNO an!
Auf meine Frage, ob das bedeute, daß Bonn eine Rückkehr der Roten Khmer an die Macht in Kambodscha wünsche, wehrte ein Sprecher des Auswärtigen Amtes allerdings erkennbar verlegen ab und versicherte: »So ist das natürlich nicht! Aber der Einmarsch der Vietnamesen in Kambodscha war nun mal illegal, und die vertriebene Regierung von Pol Pot war die legale Regierung Kambodschas. Und bis die durch legale Neuwahlen im Lande ersetzt ist, müssen wir sie aus rein legalistischen Gründen weiter als legale Regierung des Landes anerkennen.«
Nachdem der Westen entscheidend mit dazu beigetragen hatte, daß die Roten Khmer in Kambodscha an die Macht kamen, und nachdem er nach ihrer Vertreibung weiter

dazu beitrug, daß sie zumindest offiziell die Repräsentanten des Staates blieben, sollten wir unsere übrigens keineswegs besonders großzügige humanitäre Hilfe für die gequälten Bürger dieses Landes, wie ich meine, deshalb nicht allzu hoch bewerten. Sie ist ein Stück sehr bescheidener Wiedergutmachung, mehr nicht. Und das gilt für viele solcher Aktionen.

Das kambodschanische Beispiel macht noch etwas anderes deutlich: die Tatsache nämlich, daß Elend in der Dritten Welt die Einnahmen der Hilfsorganisationen in der Ersten Welt fast immer erheblich steigert. Im Jahre 1978 erhielt OXFAM, eine der angesehensten britischen Hilfsorganisationen, Spenden in Höhe von zehn Millionen Pfund, etwa 30 Millionen Mark. 1980, nach dem Kambodscha-Einsatz, erhielt OXFAM über 20 Millionen Pfund Spenden. Die Bilder halbverhungerter Kinder und die Berichte über die erfolgreich angelaufenen Hilfsmaßnahmen der Organisation hatten die Bürger Großbritanniens so beeindruckt, daß sie ihre Spenden verdoppelten.
Das war keine einmalige Ausnahme, wie die weitere Entwicklung zeigt. Bis 1983/84 stagnierten die Spendeneinnahmen von OXFAM nämlich bei weiter rund 20 Millionen Pfund jährlich. Dann kam es 1985 zu einer Hungerkatastrophe in Äthiopien, wo OXFAM sich abermals sehr stark und erfolgreich engagierte. Und wieder trieb ihr Einsatz mit den entsprechenden Bildern und Berichten die Spendeneinnahmen in die Höhe – von 20 auf über 50 Millionen Pfund. Ähnliche Erfahrungen machen die meisten karitativen Organisationen. Katastrophenfälle in der Dritten Welt mobilisieren die Hilfsbereitschaft der Bürger in der Ersten Welt.

Für die meisten von uns sind Spenden für vom Schicksal geschlagene Bewohner der armen Länder der südlichen Hemisphäre freiwillige und daher besonders verdienstvolle Leistungen. Unser Staat teilt diese Ansicht. Denn er belohnt solche Spenden, indem er uns erlaubt, die gespendeten Beträge von der Steuer abzusetzen. Wir werden für unsere guten Taten also vom Fiskus belohnt. Ob es sich dabei um wirklich gute Taten oder, wie im Fall Kambodschas nur um eine Art Wiedergutmachung für von uns oder unseren Regierungen mitverschuldete Leiden der Katastrophenopfer handelt, danach fragt niemand.

Im Falle Kambodschas ist letzteres deutlich nachweisbar. Aber Entsprechendes gilt auch, wenngleich weniger deutlich nachweisbar, für andere Katastrophen – von Überschwemmungen mit Zehntausenden von Toten in Südasien bis zu aussterbenden Völkern in Südamerika, von der Versteppung ganzer Landstriche mit daraus folgenden Hungersnöten in Zentralafrika bis zu ungezählten blutigen Rassen-, Religions- und sonstigen Bürgerkriegen in allen Teilen der Dritten Welt, von Pakistan und Indien bis Afghanistan, vom Libanon und von Südafrika bis zum Tschad, bis zu Haiti und dem ehemaligen Kongo.

In all diesen Fällen wie in unzähligen anderen war ursprüngliche Ursache der Katastrophe vorwiegend westliches, gelegentlich auch östliches Eingreifen, sei es durch Sklavenhandel, sei es durch Ausrotten ganzer Völkerschaften im Zeichen des Kreuzes, sei es durch Einführung von Monokulturen oder rücksichtslose Ausbeutung von Bodenschätzen wie Holz oder Öl, durch den Bewohnern aufgezwungene moderne Techniken in der Landbewirtschaftung oder gezieltes Ausspielen von Stämmen und Völkern gegeneinander nach dem Motto: divide et impera.

Die vielfach unselige Hinterlassenschaft europäischer, nordamerikanischer oder auch nordasiatischer Kolonialherrschaft über die Länder und Völker des Südens begründet jedoch keine juristische oder politische, sondern höchstens eine moralische Verpflichtung der Ersten und der Zweiten Welt gegenüber der Dritten zur Hilfe in Fällen akuter Notlage. Anderslautende Forderungen, wie sie von Staaten der Dritten Welt immer wieder erhoben wurden, sind somit meist unbegründet.

Das Gerede von der Mildtätigkeit auf seiten der Spenderländer ist allerdings genauso grundlos. Wer Spielschulden macht, ist zu deren Bezahlung zwar nicht verpflichtet. Bezahlt er sie trotzdem, tut er damit jedoch kein gutes Werk, sondern erfüllt nur seine – allerdings nicht einklagbare – Verpflichtung. Deren Erfüllung ist schlicht ein Gebot der Anständigkeit. Und derer sollte man sich nicht so laut rühmen, wie viele das hierzulande gerne tun. ◀

Entwicklungshilfe – Hilfe für die Reichen

■ Spätsommer 1986. In Washington ist es noch warm. In der Nähe der großen Hotels sieht man auffallend viele Herren in dunklen Anzügen, weißen Hemden und mit eleganten Krawatten. Das Gedränge vornehmer Limousinen in den Straßen ist noch dichter als sonst. Denn in der Hauptstadt der USA halten die Weltbank und der Internationale Währungsfonds (IWF) ihre Jahrestagung ab.

An die zehntausend Teilnehmer haben sich dazu versammelt. Männer und Frauen aus aller Herren Länder, Weiße, Schwarze, Braune, Rote, Gelbe. Und ihre Begleiter oder Begleiterinnen. Denn die Jahrestagung der beiden mächtigen Geldinstitute ist als lohnender Treffpunkt für alle diejenigen bekannt, die mit der Dritten Welt Handel treiben, ihr etwas verkaufen, in ihr Geld investieren oder von ihr Geld zu bekommen haben.

Eigentlich sollen sich Weltbank und Internationaler Währungsfonds vor allem der armen Länder annehmen, ihnen helfen, wenn sie in finanziellen Schwierigkeiten sind, sie vor wirtschaftlichen Katastrophen schützen, Projekte finanzieren, die sie in die Lage versetzen, die dringendsten Bedürfnisse ihrer Bürger zu befriedigen wie eine wenigstens einigermaßen ausreichende Gesundheits- und Energieversorgung, Verkehrsverbindungen, Hafenanlagen, Aufforstung abgeholzter Wälder – all das, was in den armen Ländern des Südens vielfach im argen liegt.

Von Armut ist in Washington jedoch nichts zu spüren. In den vier Tagen meines Aufenthalts dort begegne ich keinem, der Not leidet oder hungrig ist. Er hätte sich im übrigen – natürlich nur, wenn er entsprechend gesellschaftsfähig gekleidet gewesen wäre – für mindestens drei Wochen im voraus satt essen können. Denn bei dem Treffen der »Händler der Armut«, wie mein schottischer Kollege Graham Hancock die hier Versammelten bissig nennt, fehlt es an nichts. Von Hummer und Kaviar bis zu Filetsteak und Gänseleberpastete und selbstverständlich bestem Champagner ist alles im Überfluß vorhanden bei den etwa dreißig Parties am Tag. Die Gesamtkosten für Cocktail- und Dinnerparties werden von der »New York Times« auf zehn Millionen Dollar geschätzt. Alles natürlich zum Wohl der Armen.

Eines der besten Geschäfte machen in diesen Tagen die Leihwagenfirmen.
»Wir haben dafür sogar Wagen aus Chicago und Atlanta rangeschafft«, erklärt mir der Manager einer der Agenturen. »Jeder, der hier auftritt, will einen Wagen für sich – natürlich einen großen und mit Chauffeur.«
Die Tagung ist für seine Firma das Geschäft des Jahres, versichert er mir, und seinen Kollegen geht es genauso. Nach einem flüchtigen Blick auf die Straße setzt er hinzu: »Es geht vor allem um Entwicklungshilfe, hat mir ein Beauftragter der Veranstalter gesagt, und dabei sind eigentlich immer gute Geschäfte zu machen, das wissen wir.«
Er sagt das ohne Spott und Häme, ganz sachlich, so, wie man feststellt, daß ein Handelskonzern floriert oder daß gewisse Aktien eine gute Dividende abwerfen. Entwicklungshilfe ist ganz offensichtlich ein gutes Geschäft – jedenfalls für die Geber und für die vielen, die die dafür zur Verfügung stehenden Gelder verwalten.

Den sogenannten unterentwickelten Ländern der Dritten Welt zu helfen entspricht keinem Gebot der Humanität oder Nächstenliebe, sondern Entwicklungshilfe entspricht, wie die Weltbank, der IWF, die UNO und die EG sowie die meisten Regierungen der Ersten und der Zweiten Welt immer wieder betonen, vor allem einem Gebot der Vernunft.
»Es ist nicht nur human, es ist auch vernünftig, wenn ein wohlhabendes Land wie die Bundesrepublik Mittel zur Verfügung stellt, um die wirtschaftliche Situation in den Ländern der Dritten Welt zu verbessern«, versicherte der frühere Entwicklungshilfeminister Warnke auf einer Pres-

sekonferenz. »Denn wir helfen damit nicht nur den Menschen, sondern wir helfen gleichzeitig auch uns selber, indem wir dazu beitragen, daß diese Länder uns Dinge abkaufen, die ihre Bewohner brauchen, und daß sie die auch bezahlen können. Und davon profitieren beide.«

Das klingt gut. Aber leider stimmt es nicht. Wer heute durch die Dritte Welt reist und dabei ein klein wenig die Augen offenhält, der stößt zwar fast überall auf die Spuren von Entwicklungshilfegeldern, also von Geldern, die von Bürgern der Ersten oder der Zweiten Welt aufgebracht und von den Regierungen ihrer Staaten zur Verfügung gestellt wurden, um damit den angeblich unterentwickelten Ländern der Dritten Welt zu helfen. Aber in vielen Fällen profitieren von diesen Geldern nicht die Empfänger-, sondern die Geberländer.

Das beginnt schon bei den sogenannten Experten. Man trifft diese gelegentlich auch Berater genannten Abgesandten der Ersten und Zweiten Welt am ehesten in den internationalen Hotels. Es ist merkwürdig: Ein Land kann noch so arm, seine Bewohner können noch so hungrig sein und in Elendshütten aus Wellblech oder Pappkartons hausen – ein elegantes, gepflegtes, erstklassig ausgestattetes Hotel mit einem vorzüglichen Restaurant, in dem man alles bekommt, was das Herz begehrt, findet man in der Hauptstadt fast immer. Ob in Dakka oder Addis Abeba, in Pnom Penh, San Salvador oder Khartum – wer über genügend Dollar, Mark oder Franken verfügt, braucht sich über eine ruhige und bequeme Unterkunft wie über eine ausreichende und wohlschmeckende Verköstigung keine Sorgen zu machen.

In diesen Hotels findet man fast immer einige, meist sogar eine ganze Reihe von Experten. Jedenfalls die besseren von

ihnen. Darunter die Angestellten der Weltbank und des IWF wie die Ministerialbeamten der westeuropäischen und nordamerikanischen Regierungen. Und natürlich die Repräsentanten der großen Konzerne.
Sie fahren in eleganten Limousinen von einer einheimischen Behörde zur anderen und gelegentlich auch in Geländewagen über Land. Sie hören sich Vorschläge an, diskutieren, erörtern Pläne und Projekte. Am Nachmittag, wenn es heiß wird, findet man sie häufig am hoteleigenen Swimmingpool bei einem geeisten Martini, Whisky oder Pernod.
Sie geben eine Menge Geld aus. Denn die Preise in diesen »Oasen des Wohlstands« sind gesalzen. Aber ihre hohen Spesensätze erlauben ihnen das. Von dem Geld, das sie ausgeben, profitieren allerdings nicht die Entwicklungsländer, denen es angeblich zugedacht war, sondern fast immer Firmen der Geberländer. Denn ihnen gehören die Hotels – das belegen die neonbeleuchteten Namensschilder auf den Dächern. Sie haben den Einheimischen für viel Geld die Autos verkauft, in denen die Experten durch die Stadt und über Land fahren. Und sie erhalten meist auch die Aufträge für die Durchführung jener Projekte, die von den Experten am Ende ihrer Besichtigungsreisen dann als für das jeweilige Land nützlich und vorteilhaft ausgewählt werden.
Dies sind keine lästerlichen oder bösartigen Behauptungen. Sondern das kann jeder nachprüfen durch Besuche in den entsprechenden Nobelhotels wie anhand der unzähligen »weißen Elefanten«, der Entwicklungsruinen in den Ländern der Dritten Welt. Ich habe mindestens ein Dutzend solcher nachprüfbaren Fälle beobachtet, in Khartum wie in Bogotá, in Colombo wie in Accra, in Managua wie

in Mogadischu und Nuakschott. Am eindrucksvollsten ist für mich bis heute das geblieben, was ich in Dakka, der Hauptstadt von Bangladesch, wenige Wochen nach dem Ende des Unabhängigkeitskriegs gegen Pakistan erlebt habe.

Bangladesch lebt – wenn man es denn Leben nennen kann – von der Landwirtschaft. Und die Landwirtschaft lebt von den ungezählten Kanälen, die das Land bewässern und vor Überflutungen schützen. Viele dieser Kanäle hatte der Bürgerkrieg zerstört, in dem Bangladesch sich von Pakistan befreite, dem die Briten es bei ihrem Abzug zugeschlagen hatten.

Um dem Land zu helfen, hatten die Industriestaaten von Ost und West unmittelbar nach Ende des Bürgerkrieges ihre Experten nach Dakka entsandt, um dort im Rahmen einer Konferenz Hilfsmaßnahmen zu erörtern, die man im Rahmen internationaler Entwicklungshilfe finanzieren wollte, um das Land wieder auf die Beine zu bringen.

Die Konferenz fand im »Intercontinental Hotel«, dem damals einzigen »anständigen« Hotel von Dakka, statt. Bei der Diskussion wiesen die Bengalen sogleich auf ihr dringendstes Anliegen hin: die Reparatur wie den Ausbau der Kanäle. Den Experten leuchtete das ein. Und sie gingen sogleich daran, Vorschläge dafür auszuarbeiten. Amerikaner, Deutsche, Briten, Franzosen, Japaner wetteiferten mit dem Angebot modernster Bagger, Baumaschinen, Traktoren – eine Maschine immer besser, größer und natürlich auch teurer als die andere.

Nur die Chinesen beteiligten sich nicht daran – vermutlich, weil sie solche Maschinen nicht herstellen und daher nicht anbieten konnten. Der Delegierte aus Peking wies vielmehr darauf hin, daß Bangladesch über eine riesige Zahl von Arbeitslosen verfüge, und schlug deshalb vor, dem Land umgehend fünf Millionen Hacken und fünf Millionen Spaten sowie, wenn nötig, ein paar gute Wasserbauingenieure zur Verfügung zu stellen, damit es seine Kanäle selber bauen könne.

Der Vorschlag wurde jedoch abgelehnt. Der Vertreter einer deutschen Maschinenbaufirma, den ich am Abend an der Bar traf, nannte mir auch den Grund: »Spaten und Hacken! Daran ist doch überhaupt nichts zu verdienen! Ein paar anständige Großbagger, das bringt was. Und für das Land ist das doch kein Schaden. Das zahlt doch die UNO oder die Weltbank oder sonst irgendwer!«

Übrigens lehnte auch Bangladesch den chinesischen Vorschlag ab. Mit solchen »antiquierten Methoden« zu arbeiten sei seinem Volk nicht zuzumuten, erklärte der Führer der Unabhängigkeitsbewegung und spätere Staatspräsident Muhjibur Rahman, Bangladesch brauche moderne Technologie. Daß die modernen, schweren und riesigen Erdbewegungsmaschinen auf dem Sumpfboden des Landes gar nicht verwendbar waren, stellte man dann erst viel später fest.

Dies ist kein Einzelfall. Natürlich gibt es unzählige kleine, bescheidene und sinnvolle Projekte, bei denen ein paar engagierte Europäer, meist im Rahmen freiwilliger Gruppen und privater Organisationen, ohne großen Geldeinsatz in Afrika, Asien und Lateinamerika Brunnen bohren und Dämme bauen, Felder bewässern und Bäume pflanzen, Fischteiche anlegen, Krankenschwestern ausbilden und Kinder unterrichten, um damit den dort lebenden Menschen zu helfen.

Ich bin im Westsudan, am Rande der Wüste, einer kleinen deutschen Frauengruppe begegnet, deren Angehörige einfache mechanische Nähmaschinen in die Dörfer gebracht hatten und den Frauen dort beibrachten, damit Wäsche zu nähen, so daß sie nicht mehr wie bisher – im Baumwolland Sudan! – importierte und teure Wäsche kaufen mußten. Solche Beispiele gibt es, Gott sei Dank, zu Tausenden in der Dritten Welt. Aber es sind fast immer Aktionen von einzelnen oder kleinen privaten Gruppen. Es ist nicht die von Regierungen finanzierte und von Beamten und Politikern gesteuerte staatliche Entwicklungshilfe.

Die konzentriert sich mit Vorliebe auf Großprojekte. Weil die »mehr hermachen«. Weil die eigene Wirtschaft daran verdient. Und weil deren Lobbyisten, die den Ministern und ihren Beamten ständig im Nacken sitzen, darauf drängen. Außerdem kann man auf diese Weise die in der eigenen Bevölkerung meist wenig populäre Geldausgabe für Afrikaner und Asiaten besser begründen.

»Richtig angewandte Entwicklungshilfe bedeutet vor allem auch Sicherung von Arbeitsplätzen in Deutschland und Gewinne für die deutsche Industrie«, hat mir ein hoher Beamter im Bonner Ministerium für wirtschaftliche Zusammenarbeit einmal in einem allerdings strikt privaten und vertraulichen Gespräch erklärt. »Das soll man zwar nicht an die große Glocke hängen, aber immer im Auge behalten – wir sind schließlich keine Dukatenesel!«

Dem ist kaum etwas hinzuzufügen. Das bedeutet jedoch: Unsere Entwicklungshilfe ist im Grunde gar keine Hilfe für die armen Länder und Völker der Dritten Welt, sondern sie ist in erster Linie eine Hilfe für die eigene Industrie und gelegentlich sogar die eigene Landwirtschaft, also für uns selber. Sie ist somit von der Anlage her falsch konzipiert, weil sie nicht vom Bedarf der Empfänger, sondern vom Nutzen der Geber ausgeht, deren Profite weiterstei-

gen, während die Schuldenlast der Empfänger aufgrund der vielfach nicht als Geschenk, sondern als Darlehen gegebenen Gelder weiterwächst.
Außerdem wird die Wirtschaft der Empfängerländer durch technologisch hochgezüchtete und für sie häufig gar nicht geeignete Anlagen und Installationen oft in für sie völlig überflüssige Produktionen und eine für sie ganz ungeeignete Wirtschaftsstruktur gedrängt. Es ist doch einfach abstrus, wenn zum Beispiel Bangladesch Jute, Tansania Sisal und die Elfenbeinküste Ananas und Erdbeeren produzieren, um damit Devisen zu verdienen und mit ihnen ihre Schuldzinsen zu bezahlen, während gleichzeitig viele ihrer Bewohner hungern, weil, nicht selten aus Mangel an Ackerland, nicht genug Nahrungsmittel für die Ernährung der eigenen Bevölkerung produziert werden.
Den Ländern der südlichen Hemisphäre kann nur geholfen werden, wenn die Hilfe dem dort bestehenden Bedarf entspricht. Und diesen Bedarf können nur die bestimmen, die dort leben, nicht die Industriestaaten im Norden. Mit anderen Worten: Der Süden muß, wenn er überleben will, eine eigene Konzeption entwickeln. Und er muß dafür sorgen, daß seine Konzeption auch verwirklicht wird.
Daß der Süden theoretisch dazu in der Lage ist, erscheint mir aufgrund meiner Kenntnis der meisten Länder heute noch als wahrscheinlich. Ob er es praktisch schafft, ist dagegen durchaus nicht sicher. Denn es setzt voraus, daß er sich zunächst einmal von dem derzeit weltweit siegreichen Kapitalismus distanziert. Wer einen eigenen Weg finden will, muß sich von ihm aufgedrängten Vorbildern lösen, auch wenn das zunächst in mancher Hinsicht unbequem für ihn ist. Und das verlangt viel Mut, viel Verzichtbereitschaft und viel Durchstehvermögen.

Beispiele dafür gibt es. So hatten sich die Nigerianer im Zuge ihres aufgrund der hohen Ölpreise gewachsenen Wohlstandes so sehr an den Verzehr von aus importiertem Weizen hergestelltem Weißbrot, holländischem Bier und schottischem Whisky gewöhnt, daß die einheimischen Lebensmittel vielfach unverkäuflich blieben und viele Bauern ihren Anbau einstellten. Als die Ölpreise auf dem Weltmarkt dann wieder fielen und das Geld knapp wurde, untersagte Präsident Babangida die Einfuhr von Weizen und anderen nichtbenötigten Lebensmitteln. Die amerikanische Regierung protestierte zwar gegen den Einfuhrstopp für Weizen und bezeichnete ihn als »unfreundlichen Akt«. Aber der Präsident blieb hart. Er weigerte sich, neue Schulden zu machen, und die USA wie die eigene Bevölkerung gaben, wenn auch murrend, nach.

Ein gegenteiliges Beispiel ist der von den britischen Kolonialherren aufgrund seiner fruchtbaren Böden oft als potentieller »Brotkorb Afrikas« bezeichnete Sudan. Seine Bewohner haben sich inzwischen so an die zunächst als »Hilfsgüter« eingeschleusten ausländischen Lebensmittel gewöhnt, daß die einheimische Nahrungsmittelproduktion immer mehr zurückgeht und der Staat von den im Grunde kaum noch zu bezahlenden und in Wahrheit überflüssigen Einfuhren immer abhängiger wird.

Leider sind solche Beispiele weit in der Überzahl. Denn eine solche vernünftige Politik erfordert tatkräftige und standfeste Politiker, die sich ja nicht nur gegen ausländischen Druck, sondern auch gegen inländische Mißfallenskundgebungen durchsetzen müssen. Und die findet man in den vielfach von ausländischer Hilfe abhängigen wie auf inländisches Wohlwollen angewiesenen »neuen Eliten« nicht häufig. ◂

4 ■ ETAPPEN DES UNTERGANGS

Der Krieg zwischen Nord und Süd hat begonnen

■ »Ich bin kein Moslem«, korrigiert mich der schlanke, braunhäutige Mann leise, »ich bin Buddhist. Ich kann daher nicht beurteilen, ob der Golfkonflikt ein religiöser Krieg zwischen Christen und Moslems war, wie viele Araber das behaupten. Aber es war mit Sicherheit ein Krieg zwischen dem Norden und dem Süden, zwischen den Reichen und den Armen, zwischen der Ersten und der Dritten Welt. Es war vielleicht der erste. Aber ich fürchte, es wird nicht der letzte gewesen sein.«

Tin Maung ist Burmese oder, wie wir sagen, Birmane. Er war Student in Rangun, demonstrierte dort gegen das Militärregime, sollte eingesperrt werden, konnte mit Hilfe eines befreundeten malaiischen Diplomaten flüchten und lebt seit einigen Jahren in London. Er studiert Wirtschaftswissenschaft und verdient sein Geld als Übersetzer.

Ich hatte ihn bei indischen Freunden kennengelernt und lud ihn zum Essen ein, weil ich hoffte, von ihm etwas über die derzeitige Lage in Burma zu erfahren. Wir sitzen in einem kleinen italienischen Restaurant in Soho. Tin Maung mag die italienische Küche. Man müsse nur etwas nachwürzen, sagt er, dann schmecke es manchmal fast wie zu Hause.

Er ist weder Kommunist noch burmesischer Nationalist und auch kein religiöser Fanatiker. Ursprünglich wollte er Lehrer werden. Jetzt hofft er, nach Beendigung seines Studiums in England eine Stelle in einer Exportfirma zu finden, die mit dem Fernen Osten Handel treibt, um auf diese Weise wenigstens indirekt eine gewisse Verbindung mit seiner Heimat aufrechtzuhalten. Denn dorthin zurückkehren will er nicht mehr.

»Burma gehört zur Dritten Welt, und die Dritte Welt hat keine Chancen mehr, das hat der Golfkonflikt gezeigt«, behauptet er.

Daß Saddam Hussein unrecht getan und ein Nachbarland überfallen hat, bestreitet er nicht. Aber darum ging es, seiner Ansicht nach, in dem Konflikt gar nicht. Dem Westen ging es vielmehr, nach seiner Überzeugung, ausschließlich darum, eine militärische, politische und wirtschaftliche Vorherrschaft nicht nur in der Golfregion, sondern auf der ganzen Welt zu stabilisieren und vor allem zu demonstrieren.

»Jeder soll wissen, der weiße Sahib ist zurück, und wir sind wieder die Eingeborenen«, stellt er bitter fest.

Dabei geht es seiner Ansicht nach nicht wie bisher um Öl und Gold und Rohstoffe und Militärstützpunkte, sondern um Lebensformen und Wertsysteme. Nach dem Scheitern des Sozialismus will der Westen der Dritten Welt seine Maßstäbe und sein System aufzwingen, behauptet er. Jede eigenständige Entwicklung, die seinen totalen Herrschaftsanspruch auch nur theoretisch in Frage stellen

könnte, soll von vornherein verhindert werden. Deshalb der gewaltige Militäreinsatz. Denn gegen eine Militärmacht, deren Kriegskasse täglich eine Milliarde Dollar ausspucken kann, ist die Dritte Welt machtlos.
Auf meine Frage, ob er das auf der Universität in London lerne, meint er achselzuckend, im Lehrplan stehe das natürlich nicht, aber wer aufmerksam zuhöre, der könne es schon heraushören.
»Wir können nur schweigen und unsere Faust in der Tasche ballen, denn wir sind Bettler«, sagt er leise. »Aber der Haß auf den reichen Norden wächst, und eines Tages werden wir vielleicht einen Weg finden, um uns zu rächen, wenn der Norden uns wieder wie zur Kolonialzeit ausplündert und dabei noch verhungern läßt.«
Tin Maung ist wie die meisten Buddhisten ein friedlicher Mensch. Aber unwillkürlich hat er bei den letzten Worten seine Hände zu Fäusten geballt. Und seine Stimme klingt heiser wie in nur mühsam unterdrücktem Zorn.

Ich habe, wie wahrscheinlich die meisten Europäer, unzählige Diskussionen über Ursachen, Erfolge und Mißerfolge der blutigen Auseinandersetzungen am Golf geführt. Trotzdem sind mir die Worte des jungen Burmesen nicht aus dem Kopf gegangen. Vielleicht liegt das auch daran, daß gerade zu der Zeit, als ich in London war, der britische Premierminister John Major ein Treffen mit dem Dalai Lama ablehnte, um das dieser ihn gebeten hatte. Die britische Regierung helfe den Tibetern besser durch ihre direkten Gespräche mit der chinesischen Führung ohne Einmischung des geistigen Oberhauptes der Tibeter, hatte er zur Begründung erklärt. Natürlich wußte der Abgewiesene, daß London wie Washington sich während der vergangenen Jahrzehnte niemals ernsthaft für die von Peking brutal unterdrückten Tibeter eingesetzt hatten. Aber er hielt es dem Briten nicht entgegen. Die Sprecher des Südens wissen, wie macht- und einflußlos sie heute in der Welt sind.

Gleichgültigkeit gegenüber Menschen, Völkern und Ländern, von deren Unterstützung sich der Norden keinen materiellen Nutzen verspricht, führt in der südlichen Hemisphäre zu wachsender Verbitterung. Zwar ist die Politik vieler dortiger Regierungen im Prinzip kaum besser. Auch ihnen geht es in erster Linie um materiellen Profit. Aber sie sind arm. Das entschuldigt sie in den Augen vieler ihrer Bürger. Die reichen Bewohner des Nordens dagegen treibt die reine Gier. Und das löst bei den Armen im Süden immer von neuem Ressentiments gegenüber dem Norden aus.

Neu ist das allerdings nicht. Schon bei meinem ersten Besuch in Ägypten, ein halbes Jahr vor der Suezkrise im Frühjahr 1956, lernte ich bei dem damaligen deutschen Botschafter in Kairo einen jungen Ägypter kennen, der im Büro der Arabischen Liga arbeitete. Wir kamen in ein Gespräch über die arabischen Vorbehalte gegenüber den Europäern. Er nannte viele Gründe dafür, von den Kreuzzügen der Christen im Mittelalter, die er als Eroberungskriege bezeichnete, bis zur Kolonialherrschaft. Und schließlich erwähnte er den Materialismus der Europäer.

Am nächsten Abend fand ich in meinem Hotel die Übersetzung eines Artikels, den ein gewisser Abderrahman Azzam im Jahre 1932 in einer arabischen Zeitschrift Palästinas unter dem Titel »Die Araber, das Volk der Zukunft« veröffentlicht hatte. Dieser Artikel rief zum Kampf gegen den Kolonialismus auf, aber nicht nur, weil die Kolonialmächte die Araber ausbeuteten und unterdrückten, sondern vor allem, um die menschliche Kultur vor ihrer Zerstörung zu retten.

»Seit dem Untergang der arabischen Zivilisation ist die Menschheit unter den Einfluß des Materialismus geraten«, so hieß es darin, »und nur wenn die Araber wieder die geistige Führung in der Welt übernehmen, wird der Materialismus Europas durch den Spiritualismus des Orients ersetzt und damit die Kultur der Menschheit vor ihrer Zerstörung bewahrt werden.«

Der Autor des Artikels, später als Azzam Pascha bekannt, stammte aus einer Beduinenfamilie, war in Ägypten aufgewachsen, hatte in London Medizin studiert, kämpfte in Libyen gegen die Italiener, trat danach in den diplomatischen Dienst Ägyptens und wurde schließlich die treibende Kraft für die Gründung der Arabischen Liga und deren erster Generalsekretär.

Mein Kairoer Bekannter bezeichnete ihn als den »gebildetsten Ägypter«, den er je in seinem Leben kennengelernt habe. Und auch für ihn waren nicht die Herrschsucht, der Eroberungsdrang und die rücksichtslose Ausbeutung der Kolonialvölker die schlimmsten Eigenschaften der Europäer, sondern ihr hemmungsloser Materialismus, mit dem sie »die Seele der unterworfenen Menschen vernichten«, wie er es ausdrückte.

In Lateinamerika stößt man auf ähnliche Gedanken. So frage ich bei meinem ersten Aufenthalt in Brasilien den damaligen brasilianischen Präsidenten João Goulart, als dieser mich zu einem Interview empfängt, nach den Ursachen des Ressentiments vieler Lateinamerikaner gegenüber den USA, obwohl diese hier doch zahlreiche Krankenhäuser bauen, Universitäten gründen, Schulen und sogar Waisenhäuser finanzieren und auch sonst vieles tun, um den Staaten Lateinamerikas zu helfen. Der Präsident zögert einen Augenblick. Dann erwidert er mir achselzukkend: »Das hat vor allem psychologische Gründe. Sehen Sie, wenn ein Yankee Ihnen begegnet, dann öffnet er die Arme weit, um Sie an sein Herz zu drücken – aber er schließt sie nicht. Er nennt Sie fast immer sofort seinen Freund. Aber wenn Sie ihm ein Vierteljahr später wieder begegnen, dann erinnert er sich meist nicht mal mehr an Ihren Namen.«

Als er mein offenbar etwas verständnisloses Gesicht bemerkt, setzt er hinzu: »Freundschaft entsteht bei uns aus dem Gefühl. Bei den Yankees entsteht sie aus Nützlichkeitsüberlegungen, jedenfalls bei den meisten. Wir Lateinamerikaner reagieren emotional. Die Yankees überlegen bei fast allem, was sie tun, was sie dabei verdienen können. Dementsprechend behandeln sie uns, und deshalb mißtrauen wir ihnen.«

Das mag übertrieben, ungerecht, sogar bösartig klingen. Aber wer mit offenen Augen durch Lateinamerika reist, der hört solche Äußerungen dort immer wieder und stößt auch fast in jedem Land auf Umstände, die ihre Ursachen erkennen lassen. So behauptet zehn Jahre nach meinem Aufenthalt in Brasilien ein chilenischer Kollege im Frühjahr 1973 bei einem Gespräch in Santiago, die Tage des damaligen chilenischen Präsidenten Salvador Allende seien gezählt. Als Grund dafür nennt er auf meine Frage die vom Präsidenten geplante Verstaatlichung des US-amerikanischen Elektrokonzerns ITT, dem unter anderem damals die gesamten Telefonanlagen in Chile gehörten und der damit viel Geld verdiente. Auf meinen Einwand, Chile sei aber doch schließlich keine amerikanische Kolonie, sondern ein unabhängiger Staat, erwidert er spöttisch: »Chile ist ein lateinamerikanischer Staat. Und kein lateinamerikanischer Politiker kann es sich leisten, etwas zu tun, was der Regierung in Washington mißfällt – es sei denn, er ist lebensmüde.«

Ein halbes Jahr später wird Allende von meuternden chilenischen Militärs unter General Pinochet ermordet. Angestiftet und bezahlt wurde der Militärputsch vom US-Geheimdienst CIA mit Wissen der US-Regierung. Den Mördern geschieht nichts. Sie stehen unter dem Schutz der USA. Und was 1973 in Chile geschah, geschah zehn Jahre vorher in Brasilien, zehn Jahre später in Grenada und weitere sechs Jahre später in Panama.

Nun hat es Ressentiments und Haß gegen den Norden im Süden immer gegeben. Haß der Armen gegen die Reichen. Haß der Unterworfenen gegen die Unterwerfer. Haß der Ausgebeuteten gegen die Ausbeuter. Aber seit dem Zusammenbruch der Sowjetunion und dem Scheitern des sozialistischen Experiments ist dieser Haß vielerorts böser und bitterer geworden. Weil die Unterlegenen keinen Ausweg mehr sehen.

Der Golfkrieg hat deutlich gemacht, was südlichen Ländern und ihren Völkern widerfährt, die sich den Weisungen des Nordens, begründet oder unbegründet, widersetzen. Es gibt niemanden mehr, der dem Norden in den Arm fällt, wenn er vom Süden Gehorsam verlangt, ob es dabei um Rohstoffpreise, um die Öffnung der Märkte oder um politische Fragen wie die Anerkennung ungerechter Grenzen oder die Duldung von Despoten geht, an denen die Industriestaaten interessiert sind. Der Norden hat gezeigt, daß er entschlossen ist, seine Forderungen mit allen, auch mit militärischen Mitteln durchzusetzen. Und der Süden hat die erste Schlacht in diesem Krieg verloren. ◂

Von der freien Marktwirtschaft profitiert nur der Norden

■ Es ist sechs Uhr abends. Vom breiten Oubangifluß weht ein erster kühler Luftzug herauf. Ganz langsam weicht die Hitze aus den von der Sonne aufgeheizten Häusermauern.

Aber die Stadt schläft weiter. Die wenigen Supermärkte haben um drei Uhr mittags endgültig ihre Rolläden heruntergelassen, nachdem auch die letzten Angestellten ihre Büros verlassen haben. Ihr dürftiges Angebot von klebrigem Weißbrot, müdem Gemüse, gefrorenem Fleisch sowie französischem Käse und Wein lockt ohnehin nur wenige Käufer an. Denn Geld ist knapp in Bangui. Und die Libanesen, denen sämtliche größeren Geschäfte der Stadt gehören, investieren hier schon lange nicht mehr.

Bangui zählt rund 350 000 Einwohner – das entspricht etwa der Einwohnerzahl von Wuppertal – und ist die Hauptstadt der Zentralafrikanischen Republik. Aber bei meinem halbstündigen Spaziergang durch die Straßen begegne ich trotz der nachlassenden Hitze keinem Menschen. Auch der Hotelportier schläft in seinem zerlöcherten Korbsessel in der Hotelhalle, als ich zurückkomme. Als ich ihn wecke und frage, ob er mir ein einigermaßen anständiges Restaurant in der Stadt nennen kann, schüttelt er verschlafen den Kopf.

»Fahren Sie nach kilomètre cinq«, rät er mir in gutturalem Französisch, »da finden Sie alles, was Sie brauchen – ich rufe Ihnen ein Taxi, es gehört meinem Bruder, er ist ehrlich und macht Ihnen einen anständigen Preis.«

Nach einer halben Stunde kommt das Taxi – ein mindestens zehn Jahre alter Peugeot, der in allen Fugen knirscht und klappert und in dem nur noch zwei Gänge funktionieren.

»Kilomètre cinq« ist ein Marktflecken an einer Ausfallstraße, fünf Kilometer von der Stadt entfernt. Aber hier wird es plötzlich lebendig. Menschen tauchen auf, Frauen mit Körben auf dem Kopf, Männer mit Stöcken in den Händen, Hunde, Hühner, Kinder. Dann Marktstände mit Maniok und Kassawa, Bananen, Fischen, Fleischfetzen an Haken. Dazwischen Verkäufer und einige Kunden.

Am Rande des Marktes ein paar »Restaurants« – Holztische mit Stühlen darum herum, ein Holzkohlenfeuer unter einem eisernen Rost, darauf ein Kessel mit Suppe, daneben ein paar Fleischstücke; an der Bretterrückwand ein paar Bierflaschen.

Ich lade Jean-Pierre, so heißt mein Fahrer, zu einem gebratenen Huhn und einer Flasche Bier ein. Er spricht gut französisch. Er war zwei Jahre in Frankreich, in Marseille. Aber er hat dort Heimweh bekommen. Es gab zuwenig Bäume und zu viele Häuser aus Stein, die Menschen waren unfreundlich, niemand hatte Zeit, und wer arm war, wurde getreten.

Als er zurückkam, war »Kaiser« Bokassa gerade gestürzt worden.

»Er war verrückt«, sagt Jean-Pierre, »aber so schlimm, wie die Europäer sagen, war er auch nicht.«

Das mit den Kindern, die er getötet und aufgegessen haben soll, glaubt er nicht.

»Vielleicht hatte es etwas mit einem Zauber zu tun, den er kannte. Es gibt viele Dinge, die die Europäer nicht verstehen.«

Er lebt in einer kleinen Kammer in Bangui, die ihm sein

Bruder besorgt hat, erzählt er mir. Aber seine Familie lebt in einem Dorf etwa 80 Kilometer von hier. Sie haben dort ein Haus und einen Acker, auf dem seine Frau Kassawa anbaut und etwas Mais; und sie haben ein Schaf und ein paar Hühner.

Natürlich sind sie arm. Aber schlimm ist das eigentlich nur in Bangui, in der Stadt, wo die Europäer wohnen. Auf dem Land merkt man das kaum. Denn dort gibt es niemanden, der reich ist. Wenn es rechtzeitig regnet, verhungert niemand. Und die Kinder sind fröhlich.

Natürlich würde er gern ein neues Auto kaufen mit einem starken Motor und guten Reifen. Aber solange das alte noch fährt und ab und zu ein Europäer nach Bangui kommt, der ihm ein anständiges Trinkgeld gibt, beklagt er sich nicht.

Als wir mit dem Essen fertig sind, bummeln wir durch den Ort. Es gibt mindestens ein Dutzend Diskotheken. »Punsch à Gogo«, die größte, hat zwei Tanzflächen, die beide gepackt voll sind. Die Band spielt einen Schlager, der zur Zeit in Kinschasa, der Hauptstadt von Zaire, auf der anderen Seite des Flusses, sehr populär ist. Männer wie Mädchen bewegen sich verhalten, ohne jede Anstrengung, so, als käme der Rhythmus nicht von außen, sondern als hätten sie ihn im Blut.

Wir schlendern zum Taxi zurück. Als wir zu dem Platz kommen, wo Jean-Pierre sein Auto geparkt hat, hält er mich an.

»Horch mal«, sagt er, »überall tanzen sie jetzt.«

Ein Junge kommt vorbei. Er bewegt sich im Rhythmus der Trommeln und klatscht leise in die Hände dabei. Er nimmt keinerlei Notiz von uns. Die Luft ist voller Musik.

Mein Fahrer lächelt.

»Siehst du, wie fröhlich er ist? Dabei ist er mit Sicherheit arm wie fast alle bei uns. Aber wenn man den Reichtum nicht sieht, schadet das nichts.«
Als wir nach Bangui zurückkommen, ist dort alles still. Wir begegnen keinem Menschen auf der Straße. Und alle Fenster sind dunkel, als lebte hier niemand.

Die Zentralafrikanische Republik gehört zu den ärmsten Ländern der Welt. Von den knapp drei Millionen Einwohnern haben kaum mehr als 50 000 ein festes, regelmäßiges Einkommen. Das wichtigste Exportprodukt des Landes ist Baumwolle. Aber aufgrund der niedrigen Weltmarktpreise bringt sie nicht viel. Von den Diamanten, die man findet, wird ein großer Teil aus dem Land geschmuggelt. Es gibt etwas Gold – aber die Goldpreise sind niedrig.
Die Republik besitzt zwar Uran, Kupfer und Eisenerz. Aber bis heute hat niemand damit begonnen, es abzubauen. Es fehlt an Geld. Und die Verkehrsverbindungen sind miserabel. Die schlechten Straßen haben übrigens auch – glücklicherweise – zum fast völligen Erliegen der ökologisch katastrophalen Holzeinschläge im Regenwald geführt.
»Das Land hat keine Küste und keinen Hafen, das ist sein Problem«, erwidert mir ein Vorstandsmitglied eines großen deutschen Maschinenbaukonzerns, als ich ihm in der nigerianischen Hafenstadt Lagos von meinen Erlebnissen in Bangui erzähle. »Wenn die einen anständigen Hafen hätten, ginge es denen längst besser.«
Seine Firma weiß seit langem, daß es hier Erz und Uran gibt – das Gold und die Diamanten sind für sie weniger interessant –, aber ohne einen Hafen und anständige Straßen wird der Abbau zu teuer.

»Dem Land fehlt einfach eine moderne Infrastruktur«, versichert er mir. »Darunter leiden die Menschen.«
Das mit dem Hafen stimmt. Die Zentralafrikanische Republik ist ein Binnenland, ohne Küste. Aber geht es den Menschen dort wirklich schlechter, weil wir, die Europäer oder, richtiger: der industrialisierte Norden ihre Rohstoffe nicht abbauen und deshalb unsere Zivilisation nicht in ihr Land bringen? Ginge es ihnen besser, wenn sie nicht nur 500, sondern 5000 Kilometer geteerte Straßen und Telefonverbindungen in die fernsten Orte ihres Landes hätten, das größer als Frankreich ist, und ein Dutzend Flugplätze, eine Privatindustrie und Devisen bringende Exporte?
Vermutlich gäbe es dann mehr Krankenhäuser und mehr Schulen. Das Analphabetentum würde allmählich sinken und die Lebenserwartung allmählich steigen. Einige Bürger des Landes könnten sich neue, große Autos kaufen und Häuser mit Klimaanlagen bauen gegen die wirklich oft mörderische Hitze. Die sanitären Anlagen würden verbessert, es gäbe ein paar mehr einheimische Ärzte und Ingenieure, die dazu beitragen würden, das Land – vielleicht – zu »entwickeln«. Aber würde es den drei Millionen Menschen dort daraufhin wirklich »bessergehen«? Würde es sie glücklicher machen?
Diese Frage löst bei den meisten Europäern nur Kopfschütteln aus. Unsere technische Entwicklung und unsere westliche Zivilisation werden – auch in Osteuropa – so völlig selbstverständlich als eindeutiger Erfolg und als für alle Menschen wünschenswert angesehen, daß schon der bloße Zweifel daran vielen fast als eine Art Blasphemie erscheint.
»Man kann solche Länder doch nicht einfach abkoppeln von unserem Fortschritt«, erwidert mir ein Frankfurter Bankier auf meine diesbezügliche Frage.

Und ein bekannter Hamburger Mediziner hält mir bei einer anderen Gelegenheit geradezu vorwurfsvoll entgegen: »Ihre Frage klingt zwar äußerst menschenfreundlich und romantisch, aber wer Menschen die Errungenschaften der modernen Wissenschaft und alles, was sie produziert, vorenthält, der sperrt sie wie Affen in eine Art Zoo, und ich fände so etwas äußerst ungerecht – ganz abgesehen davon, daß es im Zeitalter moderner weltweiter Kommunikation wahrscheinlich gar nicht möglich wäre.«

Ob es möglich wäre, ist eine andere Frage. Vielleicht wäre es das tatsächlich nicht. Aber um ein »Vorenthalten« der Errungenschaften unserer modernen Zivilisation geht es nicht. Sondern es geht um ein Aufdrängen, um nicht zu sagen, ein Aufzwingen unserer Lebensformen.

Seit dem Zusammenbruch des Kommunismus und dem Entfallen des sozialistischen Modells als Vorbild wird unser westlich-kapitalistisches System mit seiner ständig perfektionierten Technik den Völkern der Dritten Welt völlig selbstverständlich als allein und unzweifelhaft wünschenswerte Lebensform präsentiert. Und eine wie immer geartete Alternative dazu wird nicht mehr als gangbarer Weg anerkannt.

Der Bonner Minister für wirtschaftliche Zusammenarbeit Carl-Dieter Spranger hat dies bei einem Gespräch mit Journalisten in der südkoreanischen Hauptstadt Seoul Ende Februar 1991 ausdrücklich bestätigt, als er sagte: »Wir sind bereit, jedem zu helfen, der sich zu den Prinzipien der Marktwirtschaft bekennt, soweit das im Rahmen unserer finanziellen Möglichkeiten liegt.«

Daß, wer sich zu diesen Prinzipien nicht bekennt, keine Aussichten auf Hilfe von uns hat, sprach er bei dieser Gelegenheit zwar nicht offen aus, aber das bekommt zum

Beispiel Kuba sehr deutlich zu spüren. Und Kambodscha und Vietnam auch.
Soweit unsere finanziellen Mittel es ermöglichen, werden wir jedoch denjenigen Völkern der südlichen Hemisphäre, die sich zu den Prinzipien der freien Marktwirtschaft bekennen, Zugang zu den Segnungen unserer Industriegesellschaft verschaffen. Denn nicht nur die Bundesregierung, sondern die überwiegende Mehrheit der Europäer wie der Nordamerikaner verkünden seit Jahren, daß dies den Bewohnern der Dritten Welt zumindest die Chance bietet, so angenehm und bequem zu leben wie wir. Und die ständig lauter werdenden Rufe nach mehr Autos und Flugzeugen, mehr modernen Hochhäusern und Fabriken, Fernsehstationen und Autobahnen, die aus der Dritten Welt kommen, gelten als eindeutige Bestätigung für die Richtigkeit dieser Behauptung.
Denen, die daran zweifeln, geht es jedoch nicht um eine »Rückkehr zur Natur« im Sinne Rousseaus und seiner romantischen Anhänger. Sie zweifeln einfach, ob das schlichte Überstülpen unseres Wirtschafts- und Lebensmodells über die Völker und Länder des Südens, das wir und die neuen Eliten dort propagieren, den wahren Bedürfnissen der Menschen entspricht, ob es sie glücklicher macht oder ob es nicht in Wahrheit nur uns nützt.
Es gibt zahlreiche Beispiele von Ländern, die sich schon zu der Zeit, als sie noch die Wahl zwischen West und Ost, zwischen Kapitalismus und Sozialismus hatten, für das westliche System entschieden und es – mit westlicher Finanzhilfe – praktizierten. Die Elfenbeinküste etwa, die sich auf die Devisen bringende Produktion und den Export von Kaffee, Kakao und Obst konzentrierte. Kenia, das den Lebensstandard seiner Bürger mit Hilfe eines gezielt geför-

derten Tourismus steigerte. Südkorea, das sogar die Konkurrenz zur Industrieproduktion der Japaner erfolgreich aufnahm. Chile, das unter Pinochet den multinationalen Konzernen unbehinderte Investitions- und Verdienstmöglichkeit offerierte.

Alles zunächst Erfolgsmodelle. Nur, die Kehrseite der Medaille: Die Elfenbeinküste ist heute praktisch pleite, und viele Menschen im Land hungern, weil die Weltmarktpreise für Kaffee und Kakao gesunken sind und man sich davon nicht ernähren kann. Kenia geriet in wachsende Schwierigkeiten, als die Touristen aus Europa wegen des militärischen Konflikts im Nahen Osten oder aus Angst vor Aids ausblieben. Südkorea wird von immer neuen blutigen Demonstrationen und Unruhen geschüttelt, weil viele Menschen sich nicht damit abfinden wollen, daß im kapitalistischen System meist nur eine Minderheit von den wirtschaftlichen Erfolgen profitiert. In Chile blieb die einzige seit Jahrzehnten funktionierende Demokratie Lateinamerikas bei dem Experiment auf der Strecke.

Es gibt unzählige weitere Beispiele dieser Art. Sicherlich lassen sich für jeden Fall spezielle Gründe anführen, warum es gerade dort schiefging. Aber einige Grundursachen sind in fast allen Fällen feststellbar:

Man produzierte für den Export, um Devisen zu bekommen, und vergaß darüber die Produktion der Dinge, vor allem der Lebensmittel, die die Menschen im eigenen Lande brauchten.

Man installierte nach westlichem Vorbild Arbeitskräfte sparende, technisch hochmoderne Produktionsanlagen und machte dadurch Millionen Menschen im Lande arbeitslos.

Man nahm von Banken großzügig angebotenes Geld auf,

aber allein die Zinsen dafür fraßen alle mit Hilfe der Exportindustrie mühsam erzielten Deviseneinnahmen auf.
Die in den meisten Dritte-Welt-Ländern an die Macht gekommenen »neuen Eliten« verloren aufgrund ihrer Anpassung an westliche Lebensart den Kontakt zur eigenen Bevölkerung; um sich an der Macht zu halten, wurden sie vielfach zu Diktatoren. Aber der Westen unterstützte sie trotzdem, weil sie sein wirtschaftliches und politisches System übernommen hatten.
Diese fast überall erkennbaren Fehlentwicklungen führten zu politischen, aber auch zu wirtschaftlichen Rückschlägen, zu Überschuldung, Arbeitslosigkeit und sogar zu Hunger. Und das, obwohl der Norden Milliarden und Abermilliarden Dollar, Pfund, Mark und Francs an Entwicklungshilfe in diese Länder pumpte. Entwicklungshilfe half also nicht, sondern schadete häufig sogar. Sie entspricht nämlich unseren Vorstellungen und nicht denen der Empfänger.

Nun sagt ein altes Sprichwort: Wer einen Fehler erkennt, der hat ihn schon halb beseitigt. Denn man braucht das, was man eingesehen hat, ja nur zu korrigieren, dann kann man die negativen Folgen vermeiden. Voraussetzung ist allerdings, daß alle Beteiligten dies wollen. Und daran bestehen in diesem Fall sehr große Zweifel.
Für den Norden liegt nämlich der Vorteil unseres Systems auf der Hand. Die hochindustrialisierten Länder Nordamerikas und Westeuropas – die Staaten Osteuropas werden ihrem Vorbild bald folgen – brauchen vor allem zwei Dinge: billige Rohstoffe und aufnahmefähige Absatzmärkte. Für beides bietet sich der Süden an. Von Indonesien bis Sambia und von Bolivien bis Saudi-Arabien sind

Rohstoffe jeder Art vorhanden. Und die Arbeitskräfte für ihren Abbau sind billig. An Absatzmärkten fehlt es ebenfalls nicht. Da dem Süden, von wenigen Ausnahmen abgesehen, eine leistungsfähige moderne Industrie bislang weitgehend fehlt, kann der Norden hier praktisch alles verkaufen, was er produziert, von Konsumartikeln bis zu Maschinen und ganzen Fabrikanlagen.

Voraussetzung ist allerdings, daß die Bewohner der südlichen Hemisphäre es bezahlen können. Aber wo Cash fehlt, helfen die Banken wie auch die Regierungen des Nordens bereitwillig mit Krediten aus. Über zwei Billionen – das sind zweitausend Milliarden – Dollar sind in den vergangenen Jahrzehnten in Form von Krediten aus dem reichen Norden in den armen Süden geflossen.

Ein erheblicher Teil dieser Summe ist inzwischen in Form von Zinszahlungen an den Norden zurückgezahlt worden. Die Schulden haben sich dadurch allerdings nicht verringert. Sie sind im Gegenteil sogar gewachsen. Denn wer seine Zinsen nicht bezahlen konnte, und das waren viele, dem wurden die nichtgezahlten Beträge auf die Schuld aufgeschlagen, zinspflichtig natürlich. So wächst die Schuldsumme unaufhörlich weiter.

Ein zweiter Umstand kommt hinzu. Während die Schulden der Dritten Welt rapide steigen, wachsen die Deviseneinnahmen aus ihren Exporten nur sehr langsam. 1980 standen Schulden der Dritte-Welt-Länder in Höhe von 550 Milliarden immerhin noch Exporteinnahmen in Höhe von 475 Milliarden Dollar gegenüber. Sieben Jahre später betrugen die Schulden bereits fast 1200 Milliarden, die Exporteinnahmen in Höhe von 580 Milliarden Dollar dagegen nicht einmal mehr die Hälfte. Und von ihnen mußten über 80 Milliarden, das sind rund 15 Prozent, allein für Zinsen bezahlt werden. 1990 floß mehr Geld in Form von Zins- und Tilgungszahlungen aus dem armen Süden in den reichen Norden, als der Norden in Form von Finanzhilfen und Darlehen an den Süden gab.

Nur fünf von über 80 Entwicklungsländern gelang es in den achtziger Jahren, ihre Exporteinnahmen stärker zu steigern als ihre Schulden. Der Grund dafür liegt auf der Hand. Um ihre drückenden Zinsschulden zu bezahlen, mußten die Länder der Dritten Welt ihre Rohstoffexporte forcieren. Das wachsende Rohstoffangebot aber drückte auf die Preise. Denn die Käufer saßen am längeren Hebel. Die Verkäufer mußten mit dem zufrieden sein, was man ihnen gab.

Die deutsche Hausfrau profitiert davon etwa beim Kauf von Kaffee. Das Sinken der Kaffeepreise am Weltmarkt schlägt sich in den niedrigen Kaffeepreisen im Laden nieder. Aufgrund unseres Wohlstandes sind unsere Hausfrauen darauf zwar nicht angewiesen, aber wer freut sich nicht über eine gesparte Mark? Daß der Kaffeefarmer in Kolumbien oder Tansania wegen seiner sinkenden Einnahmen möglicherweise eine Hypothek aufnehmen oder gar seinen Betrieb verkaufen muß, weiß sie im Zweifel gar nicht. Und daß die Kaffee produzierenden Länder aufgrund der sinkenden Kaffeepreise am Weltmarkt ihre Zinsen nicht mehr bezahlen können, sondern dafür womöglich neue Schulden aufnehmen müssen, darunter leiden ebenfalls nur die Länder des Südens, nicht aber die Gläubiger im reichen Norden.

Es ist in erster Linie der Norden, der von dem preisgünstigen Kaffee aus Costa Rica, der Baumwolle aus dem Sudan, dem Kautschuk aus Malaysia profitiert. Die Bewohner dieser Länder brauchen Reis und Mais, Fleisch und Fisch,

um sich zu ernähren, Ziegelsteine für ihre Häuser, Handwerkszeug, Stoffe für ihre Kleider.
Früher haben sie das meiste davon selbst produziert. Dann übernahm Europa im Zuge der Kolonialherrschaft ihre Verwaltung. Und die Europäer waren nicht so sehr an dem interessiert, was die Bewohner der Kolonien brauchten, als vielmehr an Dingen, die ihnen in Europa fehlten und die sie hier nicht produzieren konnten wie eben Kaffee und Baumwolle, Kautschuk und Zinn. Folglich wurde deren Produktion gefördert, auch wenn dies auf Kosten von Dingen ging, die die Bewohner der Kolonien selber brauchten. Und im Zuge der Weltwirtschaft ist es so bis heute geblieben.
Wenn Dritte-Welt-Ländern wegen ihrer Konzentration auf Devisen bringende Produkte Lebensmittel für die Versorgung der eigenen Bevölkerung fehlen, springt der Norden bereitwillig ein. In den Getreidesilos der USA wie in den Kühlhäusern der EG liegen genügend nicht absetzbare Lebensmittel, über deren Verkauf, auch zu Niedrigpreisen, man hier nur allzu glücklich ist, weil man damit Lagerkosten spart. Wenn deren Einfuhr die Länder des Südens abermals Geld kostet, borgt man es ihnen eben. Auf ein paar Milliarden Schulden mehr oder weniger kommt es bei den Summen, die hier im Spiel sind, kaum noch an.
Das gleiche gilt für andere Konsumartikel. Die Industrieproduktion des Nordens läuft auf Hochtouren. Ihr fehlt es nicht an Waren, sondern nur an Absatzmärkten. Gefragt ist hier daher schon längst nicht mehr Bedarfsdeckung, sondern das Wecken von Bedarf. Der Kunde muß animiert werden, auch Dinge zu kaufen, die er im Grunde gar nicht braucht. Damit die Lager geräumt werden und neue Ware produziert und gelagert werden kann.

Das gleiche bei uns bewährte Modell wendet man nun auf den Süden an. Nicht das Decken, sondern das Wecken von Bedarf. Und zwar Bedarf für Waren, die man bereits produziert und auf Lager hat. Für die eigenen Bürger. Was für uns gut genug ist, sollte für die Bewohner der Entwicklungsländer schon lange ausreichen, lautet die Parole.

Daß Bauern in Asien, Afrika und Lateinamerika einfache Biogasanlagen brauchen, um ihren Viehdung für Energiegewinnung zu nutzen und auf diese Weise das Abholzen der immer spärlicher werdenden Waldbestände zu vermeiden, interessiert die Industrie im Norden kaum. Solche einfachen Anlagen lohnen nicht. Aber ein Stahlwerk für Indonesien, das das Eisenerz dafür aus Brasilien importieren muß, lohnt sich zwar nicht für den indonesischen Käufer, wohl aber für die deutschen Lieferanten.

Eine nach kapitalistischen Prinzipien aufgebaute Wirtschaft eignet sich für hochtechnisierte Industriestaaten. Sie will möglichst viel produzieren, verkaufen und dabei verdienen. Sie interessiert nicht der Bedarf des Käufers, sondern ihr Absatz, ihre Gewinnspanne und dann die Gewinnmaximierung. Solange die zufriedenstellend sind, ist sie daher an Korrekturen nicht interessiert. Korrekturen von Fehlern, unter deren Auswirkung nur die Konsumenten, nicht aber die Produzenten leiden, sind daher von ihr nicht zu erwarten, solange die Konsumenten sich nicht dagegen wehren und als Folge davon der Konsum sinkt. Das hat die Dritte Welt jedoch bis heute noch nicht gelernt. ◀

Und folgst du nicht willig...

■ Eine gewinnbringende Industrie braucht möglichst abhängige Rohstofflieferanten. Um das sicherzustellen, sorgt der Norden mit Hilfe wirtschaftlicher, politischer oder notfalls auch militärischer Mittel für »geeignete Partner« auf der Lieferantenseite. Und hier liegt der Grund, warum auch von den Ländern des Südens kaum eine Beseitigung der Mißstände und eine Korrektur der Fehler im derzeitigen Nord-Süd-Verhältnis zu erwarten sind, obwohl der Süden darunter leidet.

Der gewaltsame Sturz des Präsidenten Arbenz Guzman in Guatemala im Jahre 1954 ist geradezu ein Musterbeispiel dafür. Guatemala ist seit 1839 ein unabhängiger Staat. Seit über hundert Jahren produziert man hier hauptsächlich Bananen und Kaffee – daher die Bezeichnung »Bananenrepublik«. Und seit über hundert Jahren gehören zwei Drittel des landwirtschaftlich nutzbaren Bodens im Lande ein paar hundert reichen Großgrundbesitzern und vor allem der US-amerikanischen Firma United Fruit Company. Bis auf eine kurze Zeitspanne Mitte der fünfziger Jahre unseres Jahrhunderts. Da versuchte der Präsident Arbenz Guzman eine Landreform durchzusetzen.

Arbenz, 1950 zum Präsidenten gewählt, verstaatlichte den riesigen Landbesitz der United Fruit Company, um den Boden an Tagelöhner und landlose Bauern zu verteilen. Gleichzeitig erließ er Gesetze, die eine Enteignung der zahlreichen, seit Jahrzehnten brachliegenden Ackerflächen der einheimischen Großgrundbesitzer für denselben Zweck erlaubten.

Zum Schutz der US-amerikanischen Interessen ließ der

amerikanische Geheimdienst daraufhin mit dem Geld der United Fruit Company im benachbarten Honduras ein Söldnerheer aufstellen. Dieses fiel unter Führung des ebenfalls von dem Unternehmen besoldeten Obersts Armas in Guatemala ein und stürzte den Präsidenten mit Waffengewalt. Auf einer Konferenz der Organisation der Amerikanischen Staaten (OAS) in Caracas unterstützten sämtliche Diktatoren Lateinamerikas von Batista und Trujillo bis zu Perez Jimenez das Vorgehen Washingtons, nachdem der damalige amerikanische Außenminister Foster Dulles ihnen klargemacht hatte, daß sie die weitere finanzielle wie militärische Unterstützung der USA riskierten, wenn sie sich gegen deren Aktion in Guatemala stellten.

Nach dem Sturz von Arbenz erhielten die guatemaltekischen Großgrundbesitzer wie die United Fruit Company ihre Ländereien wieder zurück. Inzwischen darauf angesiedelte Bauern und Landarbeiter wurden vertrieben. Seit dieser Zeit regieren in Guatemala wieder die Großgrundbesitzer und die von Washington finanzierte Armee. Im Lande tobt allerdings seit Jahrzehnten ein blutiger Bürgerkrieg.

Guatemala ist kein Einzelfall. Seit Ende des letzten Weltkrieges setzt der Norden nicht nur in Lateinamerika, sondern auch in Afrika und in Südasien seine Wünsche, Anliegen und Forderungen immer wieder auch gegen den Willen angeblich unabhängiger Staaten und ihrer Bewohner mit Hilfe wirtschaftlicher, aber auch militärischer Zwangsmaßnahmen durch.

Als die ehemalige französische Kolonie Guinea in Westafrika es ablehnt, der von Paris für die ehemaligen französischen Kolonien geschaffenen Franc-Zone beizutreten, verhängt Frankreich einen Wirtschaftsboykott über das

Land. Vor dem Untergang bewahrt wird der junge Staat damals nur durch den kalten Krieg und die Wirtschaftshilfe aus Moskau.

Als der ägyptische Präsident Nasser 1956 den Suezkanal verstaatlicht, versuchen Großbritannien und Frankreich, ihn nach dem Vorbild der US-Invasion in Guatemala durch eine militärische Aktion zu stoppen. Die in London offiziell als »Polizeiaktion« bezeichnete, bewaffnete Intervention scheitert nur daran, daß die USA sie mangels eigener wirtschaftlicher Interessen nicht unterstützen.

Als auf Kuba 1959 Fidel Castro den von den USA finanzierten Diktator Batista stürzt, verhängt Washington nach dem Scheitern einer militärischen Invasion eine totale Wirtschaftsblockade über die Zuckerinsel, um sie auf diese Weise in das kapitalistische System zurückzuzwingen; auch hier verhindern nur der kalte Krieg und Moskaus Unterstützung der Kubaner einen Erfolg der Aktion.

In der benachbarten Dominikanischen Republik dagegen wird der Sozialreformer Juan Bosch, der nach dem von den USA abhängigen Diktator Trujillo zum Präsidenten gewählt worden ist, gewaltsam mit Hilfe amerikanischer Truppen gestürzt; sie fallen im Lande ein, weil Bosch – wie zehn Jahre vor ihm Arbenz in Guatemala – soziale Reformen eingeführt hat.

Auch Moskau bemüht sich, sein System in Ländern der Dritten Welt zwangsweise durchzusetzen wie in Afghanistan oder, mit Hilfe kubanischer Truppen, in Angola. Aber solange die beiden Großmächte miteinander rivalisieren, scheitern viele dieser Versuche, weil die Staaten der Dritten Welt trotz ihrer eigenen Schwäche beim jeweiligen Gegner des sie Bedrohenden Rückhalt und Hilfe finden.

Erst als Moskau seine Macht verliert und seine Schwäche

immer offener erkennbar wird, ändert sich das. Schon bei dem anachronistischen Eingreifen der Briten auf den Falklandinseln 1982 finden die Argentinier bei niemandem Unterstützung. Auch die völlig ungerechtfertigte Invasion der kleinen Karibikinsel Grenada durch US-amerikanisches Militär, die Ronald Reagan 1983 inszeniert, wird von Moskau hingenommen. Und als Weihnachten 1989 etwa 25 000 US-Soldaten in Panama einfallen, um angeblich einen mit Rauschgift handelnden Diktator zu stürzen, rührt sich keine Hand zur Verteidigung des kleinen Landes. Der Süden allein ist wehrlos gegenüber der geballten wirtschaftlichen und militärischen Macht der siegreichen Kapitalisten im Norden.

Als Begründung für militärische Invasionen wie für wirtschaftliche Zwangsmaßnahmen werden vom Norden stets juristische, moralische oder humanitäre Ursachen genannt. In Guatemala wie in Ägypten, auf Kuba und in der Dominikanischen Republik war es die Verletzung des Privateigentums durch Sozialreformer. Bei dem Überfall auf Panama sprach niemand von der Rückgängigmachung des von Präsident Carter abgeschlossenen Vertrages über den Rückzug der Amerikaner aus der Kanalzone, um die es Washington in Wahrheit ging, sondern die Amerikaner setzten Truppen ein, um – wie in Grenada auch – angeblich einen Diktator zu stürzen. Und auch beim Krieg gegen den Irak sprach niemand vom Öl. Sondern der Norden kämpfte angeblich für die Befreiung Kuwaits und für die Beseitigung des irakischen Diktators.

Daß für das von China gewaltsam annektierte Tibet wie das von der Mörderbande der Roten Khmer unterjochte Kambodscha niemand jemals eine Hand gerührt hat, wird taktvoll übersehen. Und auch, daß die meisten der blutig herrschenden Diktatoren in der Dritten Welt, von den Somozas bis zu Mobutu, von Ferdinand Marcos und Batista bis zu Baby Doc und Pinochet, nicht gegen den Willen, sondern mit großzügiger finanzieller und militärischer Unterstützung von seiten des Nordens an der Macht blieben, wird, zumindest offiziell, nicht erwähnt. ◂

Die Schäden der Hilfe

■ Das Meer ist tiefblau. Das Tal, in dem die Bungalows liegen, ist leuchtend grün. Hochstämmige Palmen wiegen sich in einem sanften Wind. Vor der Küste ziehen bunte Segel vorbei. Schlanke dunkelhäutige Mädchen bieten Körbe voller tropischer Früchte an. Ein Paradies in der Karibik – so präsentiert sich die Ferienanlage des »Club Méditerranée« auf Haiti.

Die Pressesprecherin des Clubs erfüllt mir bereitwillig jeden Wunsch. Journalisten werden, jedenfalls, wenn sie loben, von Unternehmen der Touristikbranche als »kostengünstige Werbeträger« fast immer sorgfältig gepflegt.

Als ich der jungen Dame jedoch von meinem Plan erzähle, mir die Insel einmal gründlich anzusehen, zuckt sie bedauernd die Schultern.

»Ich habe dafür im Augenblick leider kein Auto, das ich Ihnen zur Verfügung stellen kann«, erklärt sie und fügt nach kurzem Zögern hinzu: »Ich würde Ihnen dazu auch nicht unbedingt raten.«

Natürlich fände ich in der Hauptstadt Port-au-Prince einen Wagen, den ich mieten könnte; es gebe mehrere Firmen, die das anböten, aber die Straßen seien schlecht, die meisten Autos noch schlechter, manche Fahrer regelrechte Banditen – außerdem trieben sich im Lande alle möglichen Leute rum, Jugendliche, bewaffnete Banden.
»Und im Grunde lohnt es sich auch nicht«, versichert sie mir, »so schön wie hier ist es sonst nirgends.«
Der Satz trifft ohne Zweifel zu. Der Ferienclub »Magic Haiti« ist nicht nur der schönste Fleck der Insel, sondern er ist fast ein Fremdkörper. Ein Paradies in einer Hölle.
Ich miete mir einen Wagen mit Fahrer, und wir fahren zwei Tage durch das Land. Haiti, die Westhälfte der Insel Hispaniola, ist etwa so groß wie das Bundesland Hessen und hat rund sieben Millionen Einwohner. Aber die Inselhälfte in der Karibik ist ein regelrechter Alptraum.
Zu Zeiten der französischen Kolonialherrschaft galt Haiti als »Juwel der französischen Krone«. Die Kolonie brachte ihrem Mutterland mehr ein als alle damaligen 13 britischen Kolonien Nordamerikas zusammen. Heute ist Haiti das ärmste Land der gesamten westlichen Hemisphäre.
Unmittelbar hinter dem grünen Tal, in dem der Ferienclub liegt, beginnt die Wüste. Nackte Berge, kahle weiße Felswände, ausgewaschener trockener Sand mit Felsbrocken darin. Dazwischen Kakteen, hie und da ein ausgetrockneter Wasserlauf, nirgends ein Stück Wald. Und über dem ganzen ausgedörrten Land liegt eine fast gespenstische Stille.
Die dunklen Gesichter der Menschen, denen wir begegnen, sind teilnahmslos, ihre Mienen verschlossen. Selbst die Kinder heben kaum die Köpfe, wenn wir vorbeifahren. Wenn wir halten, kommen sie angerannt, betteln um ein

paar Cents, um einen Dollar. Aber selbst wenn ich ihnen etwas gebe, fliegen uns, wenn wir weiterfahren, häufig Steine nach.

Mein Fahrer spricht wenig. Er wohnt in der »cité soleil«, einem Elendsviertel am Rande der Hauptstadt. Wenn es regnet, was allerdings selten der Fall ist, versinkt seine Hütte im Schlamm. Aber er ist zufrieden. Er hat wenigstens Arbeit. Fünfzig Prozent der Bewohner Haitis sind arbeitslos, behauptet er.

Er ist katholisch, erwidert er mir auf meine Frage, aber er glaubt auch an »Voudou«. Die meisten Bewohner Haitis glauben an Voudou. Voudou ist eine Religion oder, wie ein katholischer Priester in der Hauptstadt mißbilligend behauptet, ein Götzenkult. Seine Ursprünge stammen aus Westafrika, wo auch ein erheblicher Teil der Haitianer herstammt. 90 Prozent der Haitianer sind katholisch, sagen Kenner des Landes, aber 100 Prozent glauben an Voudou.

Voudou war ursprünglich mehr als eine Religion. Voudou war zugleich eine Gesellschaftsordnung. Die Voudou-Priester organisierten die gemeinschaftliche Arbeit in den Dörfern, sorgten für Arme und Kranke, hielten die Gemeinschaft zusammen. Sie stellten die Autorität auf dem Lande. In Port-au-Prince regierten die Kolonialherren und später vom Ausland bestochene Diktatoren. In den Dörfern sorgten die Voudou-Priester dafür, daß die bäuerliche Bevölkerung trotz der Ausplünderung durch die Regierungen überlebte.

Dann kamen ausländische Konzerne und produzierten in Großbetrieben Kaffee, Kakao, Zucker, Bananen für den Export. Andere fällten die Bäume in den Wäldern. Das brachte zwar Devisen in die Regierungskassen, aber da die

Wälder fehlten, wurde der fruchtbare Mutterboden ins Meer gespült. Dann blieb der Regen aus. Die kleinbäuerliche Landwirtschaft ging zu Grunde. Das Wasser wurde knapp. Die Menschen flohen in die Stadt oder verdingten sich zu Hungerlöhnen als Zuckerrohrschneider in der benachbarten Dominikanischen Republik.
Dabei war Haiti das erste Land in der Karibik, das sich gegen die Kolonialherrschaft und die Sklavenhaltung erhob. Schon 1804 wurde Haiti ein unabhängiger Staat.
»Aber die Unabhängigkeit hat ihnen nichts genützt«, stellt ein Mitarbeiter der New Yorker Menschenrechtsorganisation »Human rights watch«, den ich in Port-au-Prince kennenlerne, achselzuckend fest. »Die Bewohner Haitis hatten nie Geld, das haben die reichen Industriestaaten ausgenutzt. Sie haben dafür gesorgt, daß die Haitianer immer für andere und nie für sich selber gearbeitet haben.«

Dieser Satz des Amerikaners gilt nicht nur für Haiti. Sondern er gilt im Grunde für fast alle Länder der Dritten Welt. Trotz der offiziellen politischen Unabhängigkeit arbeiten ihre Bewohner fast überall bis heute für andere. Weil sie wirtschaftlich abhängig geblieben sind. Und mit dem Zusammenbruch des Ostblocks ist ihre Abhängigkeit von den reichen westlichen Industriemächten, die heute den politischen und wirtschaftlichen Kurs des Nordens bestimmen, noch gewachsen.
Das steigert die Ressentiments, trotz des Abzugs der Kolonialmächte. In den USA wie in Westeuropa hat es vielfach Empörung, zumindest Verständnislosigkeit ausgelöst, daß sich im Golfkrieg die Bevölkerung einiger arabischer, asiatischer und afrikanischer Länder offen auf die Seite des irakischen Machthabers Saddam Hussein stellte und für

ihn demonstrierte. Im Grunde zeigt dies nur die Gleichgültigkeit und die Arroganz des Nordens gegenüber dem Süden. Denn warum die Menschen dort so reagieren, was sie empfinden, interessiert uns nicht.

Wir fragen uns deshalb auch nicht, wie wir ihnen vielleicht in ihrer Armut helfen könnten. Und auch deshalb ist die sogenannte Entwicklungshilfe nutzlos, weil sie in Wahrheit nur unserem Nutzen dient, der uns allein interessiert. Dabei gäbe es durchaus Möglichkeiten, die Völker und Länder der Dritten Welt vor dem drohenden Untergang zu bewahren. Einige werden seit Jahren diskutiert. Sogar Ansätze, sie zu verwirklichen, wurden unternommen. Aber bisher nur als Experimente, ohne Konsequenz.

Zu ihnen gehören vor allem ein Erlaß oder zumindest ein Einfrieren der Schulden und die Einstellung der Zinszahlungen. Es bedarf keiner sonderlich hohen Intelligenz, um einzusehen, daß man den Bewohnern eines Armenhauses nicht die Verpflichtung auferlegen kann, den Wohlstand der Bewohner eines Villenviertels zu finanzieren, wenn man ihnen ein menschenwürdiges Dasein ermöglichen will.

Die Reaktion der Bankiers wie der Finanzminister der Industriestaaten auf solche Vorschläge oder auch nur Anregungen ist bekannt: ein Aufschrei der Empörung. Um die Ablehnung zu begründen, wird gern mit wirtschaftlicher Vernunft argumentiert. Etwa mit dem Hinweis, daß eine solche Maßnahme die Dritte Welt »kreditunfähig« machen würde. Denn, so das Argument, wenn man einem Schuldner aufgrund seiner Zahlungsunfähigkeit seine Schulden erließe, würde niemand ihm je wieder Geld borgen. Und, so die warnende Schlußfolgerung, eine solche Verweigerung neuer Kredite würde zur Folge haben, daß die Bevölkerung der Dritten Welt verhungern müßte. Deshalb dürfe man die Schulden der Dritten Welt schon in deren eigenem Interesse nicht streichen.

Die These klingt plausibel. Sie stimmt jedoch nicht. Die Bewohner der Dritten Welt sind heute vor allem deshalb immer wieder von Hungersnöten bedroht, weil sie dazu übergegangen sind, für die Bezahlung ihrer Schuldzinsen Exportwaren wie Kaffee, Tee, Baumwolle, Kautschuk, Ananas und Erdbeeren zu produzieren anstatt, wie früher, erst einmal Lebensmittel für den eigenen Bedarf.

Außerdem haben sie sich an die »Hilfsgeschenke« aus dem Norden gewöhnt und aufgrund dieser Gewöhnung vielfach von vornherein auf die Deckung ihres eigenen Bedarfs verzichtet. Jeder Psychologe weiß, daß allzu bereitwillige Hilfe – und der Norden hilft ja bereitwillig, da er selbst davon profitiert – den Hilfeempfänger nur allzu leicht dazu verführt, auf Anstrengungen zur Selbsthilfe zu verzichten, weil die Annahme fremder Hilfe bequemer ist.

Das zweite Argument der Gegner eines Schuldenerlasses lautet: Wenn die Dritte Welt keine Kredite mehr erhält, kann sie vom Norden keine modernen Produktionsmittel mehr kaufen und fällt damit wirtschaftlich automatisch noch mehr zurück.

Aber auch dieser Einwand ist nicht stichhaltig. Die Länder der Dritten Welt brauchen nämlich keine supermodernen, Arbeitskräfte sparenden Industrieanlagen, wie sie der Westen für den eigenen Bedarf produziert und daher bereitwillig anbietet. Denn ihnen fehlen vielfach die hochqualifizierten Fachleute, um solche Anlagen zu bedienen. Außerdem haben sie mehr als genug Arbeitskräfte. Deshalb brauchen sie auch keine großen Kredite, um solche Anlagen zu kaufen.

Sie brauchen vielmehr Anlagen mit einer höchstens mittleren oder, wie wir heute sagen, angepaßten Technologie, die auch von technisch nicht hochqualifizierten Mechanikern und Ingenieuren bedient werden können. Und wenn diese Anlagen keine Arbeitskräfte einsparen, ist das, volkswirtschaftlich gesehen, für sie kein Nachteil, sondern nur ein Vorteil. Solche Anlagen sind jedoch im Norden kaum noch gefragt und werden daher kaum noch hergestellt. Folglich brauchen die Dritte-Welt-Länder auch keine Kredite, um sie von uns zu kaufen.

Die Dritte Welt braucht kleine und mittlere Betriebe, wenn sie wirtschaftlich überleben will, proklamierte der britische Wirtschaftswissenschaftler Dr. E. F. Schumacher schon 1974 in seinem Buch »Small is beautiful« – dem Sinne nach: »Klein ist gut« –, das zu den Klassikern der Dritte-Welt-Literatur gehört. Denn Großanlagen verführen zu einer Zentralisierung, die sich Entwicklungsländer häufig einfach nicht leisten können, weil sie ihre vielfach noch mangelhafte Infrastruktur überfordert und überlastet. Nur kleine und mittlere, über das ganze Land verteilte Betriebe erfüllen ohne wirtschaftlichen Streß die Bedürfnisse dieser Länder und ihrer Bewohner.

Doch die Bedürfnisse des Südens stoßen im Norden auf wenig Interesse, nicht selten sogar auf ausgesprochene Ablehnung. Denn kleinere Anlagen stehen hier häufig nicht auf der normalen Produktpalette. Sie müßten also neu entwickelt werden. Das verursacht Kosten. Und angesichts der hohen Schuldenlast und der Devisenknappheit der Dritten Welt befürchtet man, vermutlich nicht ganz grundlos, solche Kosten nicht wieder »hereinholen« zu können. Das aber ist im Rahmen der freien Marktwirtschaft schließlich entscheidend. ◀

Benzin und Kaffee sind zu billig

■ Der deutsche Manager schildert das Auto, das sein Unternehmen daheim produziert, in leuchtenden Farben. Der Wagen sei leistungsstark, geräumig, im Verhältnis dazu sparsam im Kraftstoffverbrauch, modern im Design, und der deutsche Name des Produkts bürge für hohe Qualität wie für ein eindrucksvolles Image des Wagens, was sicherlich auch nicht ohne Bedeutung sei.
Angesichts dieser Vorteile sei sein bisheriger Absatz hierzulande beschämend gering, fügt er hinzu. Deshalb sei er hierhergekommen, um Möglichkeiten für eine Absatzsteigerung zu prüfen. Daß eventuell Aussichten für eine gewisse finanzielle Unterstützung im Rahmen einer staatlichen Bonner Entwicklungshilfsaktion bestehen, deutet er nur vorsichtig an.
Die einheimischen Wirtschaftler, die von deutschen Diplomaten zu einem Gespräch mit dem deutschen Gast im Rahmen eines opulenten Abendessens eingeladen wurden, bestätigen grundsätzlich einen erheblichen Bedarf für mehr Kraftwagen in ihrem Land. Sie haben auch keine prinzipiellen Bedenken gegen das ihnen so warm ans Herz gelegte Produkt. Allerdings seien einige Veränderungen erforderlich, um das Auto den im Lande bestehenden Bedürfnissen anzupassen, tragen sie vor. So sollte es sowohl als Personen- wie auch als Lieferwagen benutzbar, die Karosserie nach Möglichkeit etwas schmaler und die Bedienung etwas einfacher sein. Aber wenn das geschähe, lasse sich ein solcher Wagen vermutlich auch in anderen asiatischen Ländern gut verkaufen.
Der deutsche Manager winkt jedoch ab. Er sei am Verkauf

der von seinem Unternehmen bereits seit Jahren hergestellten Autos interessiert, und daß diese etwas taugten, sehe man schließlich an ihren hohen Verkaufsziffern in Europa. Was von den anspruchsvollen europäischen Käufern akzeptiert werde, müsse aber doch wohl auch für Asiaten gut genug sein, setzt er etwas indigniert hinzu. Die Entwicklung eines veränderten Modells, selbst für ganz Asien und womöglich noch Afrika, sei dagegen viel zu teuer. Das lohne nicht, und dafür hätten die Entwicklungsländer einfach nicht genug Geld.

Das Argument, der Süden habe nicht genug Geld, um die Entwicklung neuer, einfacherer Modelle für seine Bedürfnisse lohnend zu machen, läßt sich schwer widerlegen. Die Arbeitslöhne in den Industriestaaten sind hoch, die Entwicklung neuer Modelle, auf welchem Gebiet auch immer, kostet sehr viel Geld, und die Kaufkraft in den Ländern der südlichen Hemisphäre ist begrenzt, mit der in den Industriestaaten gar nicht zu vergleichen.

Natürlich könnte der Norden die Zahlungsfähigkeit des Südens verbessern, indem er zum Beispiel höhere Preise für die Rohstoffe bezahlte, die er von dort bezieht. Dies würde die reichen, gutverdienenden Industriestaaten des Nordens auch nicht in einem für sie untragbaren Maße belasten. Ein oder zwei Dollar mehr für ein Faß Öl, für einen Ballen Baumwolle, für eine Tonne Kupfer, also einen Groschen mehr für einen Liter Benzin mehr an der Tankstelle oder eine Mark mehr für das Pfund Kaffee im Laden könnten sowohl die deutsche Industrie wie auch der deutsche Normalbürger ohne weiteres verkraften.

Daß dazu weder die Industrie noch die privaten Verbraucher freiwillig von sich aus bereit sind, ist verständlich.

Niemand bezahlt freiwillig mehr, als er unbedingt muß. Aber die Staaten der nördlichen Halbkugel könnten mit Hilfe internationaler Abkommen die Weltrohstoffpreise etwas anheben und dann stabilisieren. Einige entsprechende Abkommen gibt es bereits – allerdings eher zum Schutz nördlicher als südlicher Produzenten. Die Absicherung der Agrarpreise in der EG ist ein eindrucksvolles und nicht gerade rühmliches Beispiel dafür.

Über entsprechende Maßnahmen zugunsten südlicher Rohstoffproduzenten wird auf Druck der Dritten Welt denn ja auch seit Jahrzehnten immer wieder verhandelt. Aber wenn für eine Verwirklichung jemals überhaupt eine Chance bestand – was ich bezweifle –, so besteht diese nach dem, was in den vergangenen Jahren in Osteuropa geschehen ist, heute mit Sicherheit nicht mehr. Denn das Geld, das eine solche Absicherung der Rohstoffpreise uns kosten würde – und sie würde uns Geld kosten –, das fließt heute in den Osten Deutschlands und Europas.

Unsere Politiker versichern zwar das Gegenteil. Sie behaupten auch, die Entwicklungshilfe für die Dritte Welt werde durch den Investitionsbedarf Ostdeutschlands und Osteuropas nicht beeinträchtigt. Aber Politiker reden häufig viel und falsch. Das zeigt unter anderem die Anhebung der Benzinsteuer in Deutschland zum 1. Juli 1991.

Jahrzehntelang hat sich der Westen erbittert gegen jede Erhöhung der Ölpreise auch nur um ein paar Dollar pro Faß mit der Behauptung gewehrt, eine solche Preiserhöhung würde unsere Wirtschaft ruinieren. Und als die OPEC einmal eine drastische Preiserhöhung durchdrückte, da reagierte die westliche Welt sogleich mit einer Panik und erörterte hinter verschlossenen Türen die Möglichkeit von »Zwangsmaßnahmen« gegen die »unverschämten Ölpreiserpresser«.

Im Februar 1991 kündigte die Bonner Regierung dann eine Erhöhung der Benzinsteuer an, die zu einer Benzinpreiserhöhung an den Tankstellen um rund 25 Prozent führte. Aber da sagte niemand eine wirtschaftliche Katastrophe voraus. Sondern fast alle bezeichneten die Preiserhöhung als »verkraftbar«.

Allerdings, und das ist entscheidend, die dadurch eingehenden Milliarden fließen nicht den armen Ländern der Dritten Welt zu, sondern – entgegen allen anderslautenden Versicherungen unserer Politiker – in erster Linie Ostdeutschland.

Das Beispiel zeigt zwei Dinge: Einmal ist eine Erhöhung oder wenigstens Stabilisierung der Rohstoffpreise möglich, ohne daß dies die so gern prophezeite wirtschaftliche Katastrophe in den Industriestaaten der nördlichen Hemisphäre zur Folge hat.

Zum anderen steht, im Gegensatz zu allen Behauptungen der Bundesregierung, für die Entwicklungshilfe an den Süden seit der deutschen Wiedervereinigung und der Ost-West-Entspannung eben doch wesentlich weniger Geld zur Verfügung als bisher, weil Ostdeutschland und Osteuropa dieses Geld brauchen und weil sie uns Europäern nicht nur geographisch näherliegen, sondern weil der Einsatz dieser Mittel dort nach unserer Ansicht auch mehr Gewinn verspricht.

Ob dies auf lange Sicht und grundsätzlich gesehen der Dritten Welt wirklich schadet, kann dahingestellt bleiben. Tatsache ist, daß die Länder der südlichen Hemisphäre heute und in naher Zukunft weniger Geld erhalten werden als bisher. Das wird ihre Schulden vermutlich weiter vergrößern, in jedem Falle aber deren Abbau erschweren. Anders ausgedrückt: Die Kluft zwischen dem reichen Norden und dem armen Süden wird sich immer weiter vergrößern. ◀

Das lohnende Geschäft mit den Waffen

■ Ende Februar 1991 fliegt Bundespräsident Richard von Weizsäcker in die südkoreanische Hauptstadt Seoul, um dort eine deutsche Industrieausstellung zu eröffnen. Als er erfährt, daß dort ein Modell des Kampfflugzeuges »Tornado« ausgestellt ist, das die deutsche Industrie den Koreanern liefern will, veranlaßt er dessen Entfernung.
Die Ausstellung von Kriegsmaterial, das die deutsche Industrie wenige Tage nach Ende des Golfkriegs hier im Fernen Osten öffentlich anbietet, erscheint ihm unpassend, um es vorsichtig auszudrücken, nicht zuletzt auch im Hinblick auf die Vorwürfe, die Israel erst wenige Wochen zuvor Deutschland wegen der Lieferung von Kriegsmaterial an den Irak gemacht hatte.
Die Aktion des Bundespräsidenten löst bei der deutschen Industrie jedoch unverhohlene Empörung aus. Schließlich habe der Daimler-Benz-Konzern, der Südkorea 30 Flugzeuge dieses Typs liefern will, diese seine Absicht der Bundesregierung ausdrücklich mitgeteilt und um ihre Zustimmung ersucht, erklären Sprecher der Industrie, und die Zustimmung Bonns sei auch zu erwarten. Unter diesen Umständen stelle die Entfernung des Modells auf Ansu-

chen des Bundespräsidenten eine schwere Schädigung der deutschen Wirtschaft dar.

Wenige Tage später gibt der amerikanische Präsident George Bush nach dem Sieg der Amerikaner im Golfkrieg bekannt, die arabischen Verbündeten der USA erhielten als eine Art Belohnung für ihre Bündnistreue Waffenlieferungen in Milliardenhöhe. Israel werden gleichzeitig »entsprechende« Waffenlieferungen zugesagt.

Von der geplanten Tornado-Lieferung in das von den USA ganz offiziell als Krisengebiet eingestufte Südkorea wie von weiteren deutschen Waffenlieferungen an Indien, wo es bekanntlich derzeit auch nicht gerade friedlich zugeht, wie an andere Staaten der Dritten Welt profitiert die deutsche Rüstungsindustrie und damit die deutsche Wirtschaft. Von den von Präsident Bush zugesagten Waffenlieferungen in den Nahen Osten profitiert die amerikanische Rüstungsindustrie und damit die amerikanische Wirtschaft.

Vermutlich werden diese Waffenlieferungen in Bonn wie in Washington in irgendeiner Form unter dem wohlklingenden Etikett »Entwicklungshilfe« verbucht und registriert. London, Paris, Moskau und die meisten übrigen Regierungen der nördlichen Industriestaaten machen ähnliche Geschäfte, und für sie gilt das gleiche. Waffenlieferungen dienen auf diese Weise vielfach als zusätzlicher Beweis für die finanzielle »Hilfsbereitschaft« des Nordens gegenüber dem Süden.

Daß von solchen Lieferungen ausschließlich der Lieferant und nicht der Empfänger profitiert, liegt auf der Hand. Und daß solche Lieferungen außerdem auch noch den politischen Zweck verfolgen, das Empfängerland militärisch und damit auch politisch vom Lieferanten abhängig

zu machen, bedarf ebenfalls keiner näheren Begründung. Das wird bei der Verbuchung solcher Lieferungen als »Entwicklungshilfe« jedoch nicht vermerkt.
Seit Beginn der Ost-West-Entspannung proklamieren Ost und West fortwährend eine angeblich von beiden Seiten geplante Abrüstung, unter anderem auch mit dem Ziel, dadurch zusätzlich weitere Mittel für die Entwicklungshilfe frei zu machen. Industrie und Wirtschaft des Nordens wehren sich allerdings dagegen. Sie verweisen dabei unter anderem auf das beliebte Argument der »gefährdeten Arbeitsplätze«. Wenn die ehemaligen Gegner Ost und West ihre Waffenproduktion aus Imagegründen wirklich einmal nicht mehr selbst in vollem Umfang abnehmen mögen, liefern sie diese dann zum eigenen Nutzen und mit Billigung ihrer Regierungen eben an die Länder der Dritten Welt, möglichst als »Entwicklungshilfe«.
Daß solche Waffenlieferungen den Empfängern militärisch nichts nützen, hat der Krieg im Irak gezeigt. Die nach Angaben Washingtons angeblich viertstärkste Militärmacht der Welt unter Saddam Hussein widerstand den Amerikanern keine sechs Wochen. Und wirtschaftlich belasten Waffenlieferungen den Empfänger selbst dann, wenn er die Waffen nicht zu bezahlen braucht, sondern geschenkt bekommt. Denn wenn sie nicht völlig wertlos werden sollen, muß er laufend Zubehör und Ersatzteile für sie kaufen. Und die kosten eine Menge Devisen.
Natürlich gäbe es eine Möglichkeit, diese weitere nutzlose und völlig überflüssige finanzielle Schwächung der Entwicklungsländer zu verhindern. Allerdings nicht durch die nicht nur in Deutschland, sondern überall im Norden so beliebte amtliche Genehmigungspflicht für Waffenverkäufe. Denn die ist dafür ein untaugliches Mittel.

Einmal sind die Lobbies der Rüstungsfabrikanten dafür finanziell zu gut bestückt und Politiker wie Beamte in allen nördlichen Ländern zu empfänglich für »Geschenke« (die Behauptung, Korruption gäbe es nur im Süden, ist falsch: Das beweisen die Skandale der letzten vierzig Jahre auch in Deutschland).

Zum anderen sind gerade die Regierungen der nördlichen Industriestaaten aus wirtschaftlichen Gründen an den gewinnbringenden Aktivitäten der Rüstungsindustrie lebhaft interessiert. Wenn ein Staatssekretär im Bonner Bundestag im Frühjahr 1991 nach Ende des Golfkrieges ganz offen für »gewisse« Waffenexporte in Länder der Dritten Welt mit dem Argument plädiert, diese seien notwendig, um unsere Freunde dort vor Angriffen ihrer Gegner zu schützen, und seien damit unsere moralische Pflicht, zeigt das die völlige Nutzlosigkeit solcher angeblichen Beschränkungen.

Die unheilvollen Waffenexporte des Nordens in den Süden ließen sich nur verhindern, wenn sie von allen Industriestaaten des Nordens ausnahmslos und kategorisch verboten würden, ohne Rücksicht auf scheinheilige Begründungen für angeblich notwendige Ausnahmen von diesem Verbot. Aber das läßt sich nicht durchsetzen. Dafür sind die Waffengeschäfte zu lukrativ, und wir alle profitieren davon. Und zur freien Marktwirtschaft gehört nun mal die Möglichkeit unbehinderter Gewinnmaximierung. ◀

Zu viele Menschen?

■ Sutadi legt die abgebrochene Feile beiseite. Der Becher ist fertig. Wenn er Glück hat, gibt ihm der Händler ein paar hundert Rupiah dafür. Von dem Geld für zwei solche Becher kann er ein halbes Kilo Reis oder eine Staude kleiner Bananen kaufen.

Der Becher ist aus einer leeren Bierdose gemacht. Die beiden ältesten Söhne Sutadis, elf und acht Jahre alt, suchen solche Dosen jeden Morgen aus den Mülltonnen heraus. Mit einer alten Drahtschere schneidet der Vater den Rand der Dose ab, mit der abgebrochenen Feile glättet er ihn. Die Becher verkauft der Händler dann an Leute, die am Bahndamm wohnen und zu arm sind, um sich Plastikbecher zu leisten.

Sutadi ist 32 Jahre alt. Er ist verheiratet, hat sechs Kinder und stammt aus einem Dorf, das etwa 300 Kilometer von der indonesischen Hauptstadt Djakarta entfernt liegt. Aber dort fand er keine Arbeit. Deshalb ist er in die Stadt gekommen.

Aber auch hier gab es keine Arbeit für ihn. Die Fabriken stellen immer neue Maschinen auf und brauchen daher immer weniger Arbeitskräfte. Zurück in sein Dorf wollte er jedoch auch nicht. Daher baute er eine Hütte aus Pappkartons und rostigen Nägeln für sich und seine Familie am Bahndamm, unterhalb der Gleise, wo schon Zehntausende anderer hausten, die hier aus alten Autoreifen Sandalen machen, aus Kippen Zigaretten drehen und aus angefaulten Bastfäden Matten flechten.

Ihre Kinder durchwühlen täglich Mülltonnen und Abfallhalden. Manche verdienen sich auch auf andere Weise ihr

Geld. Eine Tochter von Sutadis Nachbar, die 15jährige Wadi, sitzt unter der Brücke, wo die Männer vorbeikommen. Wenn einer ihr ein paar tausend Rupiah gibt – das sind ein paar Mark –, geht sie mit. Anfangs hat ihre Mutter sie geschlagen, wenn sie nachts mit dem Geld nach Hause kam. Aber inzwischen tut sie das nicht mehr. Denn ohne Wadis Geld würde die Familie verhungern.

Auf meine Frage, warum er sechs Kinder hat, anstatt sich mit zweien zu begnügen, die doch leichter zu ernähren wären, schüttelt Sutadi den Kopf.

»Ohne meine beiden Söhne, die mir die Bierdosen suchen, könnte ich keine Becher machen. Und wenn ich nur einen Sohn hätte und der stürbe, müßte ich verhungern, wenn ich alt bin und nicht mehr arbeiten kann. Ich will aber nicht verhungern. Deshalb habe ich sechs Kinder.«

Die Geschichte liegt über zehn Jahre zurück. Aber sie geht mir nicht aus dem Kopf. Denn ich habe sie in kaum veränderter Form ungezählte Male erlebt. In Casablanca und Rio de Janeiro, in Bombay und Mombasa, in Mexiko City, Kairo und Karatschi. An einem Bahndamm, am Ufer eines ausgetrockneten Flusses, am Fuße eines Felsplateaus. Aber immer am Rande einer Stadt.

Die Männer hatten verschiedene Namen. Aber alle waren in arbeitsfähigem Alter. Und alle hätten gern eine regelmäßige Arbeit gehabt, die sie und ihre Familie ernährte. Aber es gab keine. Deshalb sammelten sie rostige Nägel, handelten mit gestohlenen Transistorgeräten oder lebten von dem, was ihre Töchter nachts nach Hause brachten. Keiner von ihnen hatte noch Hoffnung auf eine bessere Zukunft. Überall gab es Zehntausende von ihnen. Und alle hatten viele Kinder, so daß ihre Zahl immer noch weiterstieg.

Seit vier Jahrzehnten, seit Ende des Zweiten Weltkrieges, ist in der Bundesrepublik wie in Westeuropa das vielzitierte Bruttosozialprodukt oder, verständlicher ausgedrückt, der Lebensstandard und damit der Wohlstand ständig gestiegen. Es gab zwar Krisen. Es gab »Rezessionen«. Aber insgesamt war es ein ständiger Aufstieg. Wir leben heute nicht nur länger, sondern auch besser, angenehmer, bequemer als vor vierzig Jahren. Und nicht nur in Hamburg, Frankfurt, München, sondern auch in Irland und auf Sizilien, in Griechenland und Portugal, den »Stiefkindern« Europas. Und, wenn auch mit gewissen Einschränkungen, in Nordamerika.

Im Süden der Erde, in Afrika, Lateinamerika und Südasien, dagegen ist das Leben für die meisten der dort Lebenden schwerer geworden, ist nicht der Wohlstand, sondern die Armut gewachsen. Und das trotz des Abzugs der Kolonialherren, trotz der politischen Freiheit für die Länder dieser Kontinente. Und das trotz Hunderter von Milliarden Dollar, Pfund, Francs und Mark, die der Norden in den Süden »hineingepumpt« hat.

Der Norden schickt heute Raumschiffe zum Mond. Jeder zweite hat ein Auto. Millionen und Abermillionen europäische, nordamerikanische und japanische Touristen überschwemmen alljährlich die Strände der südlichen Kontinente. Von dort aber melden Zeitungen, Rundfunk- und Fernsehstationen ständig neue Dürrekatastrophen, Hungerepidemien, Seuchen, wachsende Arbeitslosigkeit und als Folge davon Unruhen, Aufstände und blutige Bürgerkriege.

Wer nach den Gründen des Elends im Süden unserer Welt fragt, bekommt Dutzende von Erklärungen: Unfähigkeit, Korruption, Stammesrivalitäten, Religionskriege, An-

alphabetentum, niedrige Rohstoffpreise, Landflucht, Waffenkäufe und anderes. Aber ein Grund wird immer und von allen genannt: der Bevölkerungszuwachs. Die Länder im Süden der Erde können ihre Bewohner, deren Zahl ständig und rapide steigt, nicht mehr ernähren.
Diese Tatsache löst im Norden wachsende Vorwürfe aus, aber auch wachsende Angst. Denn die in ihren Heimatländern im Süden hungern, die versuchen immer häufiger, in den reichen Norden zu kommen, wo »Milch und Honig fließen«. Einfach, um zu überleben.
Sie kommen schon heute. Die Nordafrikaner nach Frankreich. Die Asiaten nach Großbritannien. Die »Latinos« nach Nordamerika. Und aus Südasien, dem Nahen Osten wie Zentralafrika kommen die Flüchtlinge heute bereits auch nach Deutschland.
Noch sind es, in Deutschland jedenfalls, verhältnismäßig wenige. Aber je tiefer die Kluft zwischen Süd und Nord, je ärger die Armut im Süden und je verführerischer der Wohlstand im Norden werden, je mehr Menschen im Süden hungern und je mehr die Menschen im Norden ihren Reichtum zur Schau stellen, desto mehr Bewohner des Südens werden versuchen, in den Norden zu kommen. Und desto stärker wird hier die Angst vor ihnen und damit der Ruf nach ihrer Abwehr wachsen. Es ist schon heute unüberhörbar.
Wer den Bevölkerungszuwachs aufhalten will, muß nach seinen Ursachen suchen. Eine seiner entscheidenden Ursachen ist die fehlende Alterssicherung im Süden. Es gibt daneben noch andere Gründe wie den medizinischen Fortschritt, die steigende Lebenserwartung, religiöse Vorschriften, Überlebensängste von Minderheiten. Aber entscheidend ist die Angst der Armen vor ihrem Alter.

Deutsche, Schweden, Ungarn wissen: Wenn sie alt und damit arbeits- und erwerbsunfähig werden, so daß sie sich nicht mehr selbst ernähren können, sorgt eine staatlich abgesicherte Altersfürsorge für sie. In Indonesien, Nigeria oder Brasilien wissen die Armen dagegen: Für sie sorgt dann niemand. Die einzigen, die das tun, sind ihre Kinder. Und deshalb zeugen sie trotz aller anderslautenden Appelle nach wie vor möglichst viele Kinder. Um im Alter nicht zu verhungern. Ich habe das in ungezählten Gesprächen in allen drei Kontinenten des Südens immer wieder bestätigt bekommen.
Es gibt oder, richtiger, es gäbe logischerweise demzufolge auch ein Mittel gegen den Bevölkerungszuwachs in der Dritten Welt: Das wäre eine Alterssicherung für die dort lebenden Menschen. Dafür sind diese Staaten jedoch zu arm. Die bloße Vorstellung, Bangladesch oder Tansania oder Peru könnte eine Altersversicherung aufbauen, löst auch bei engagierten Sozialisten nur ein resigniertes Kopfschütteln aus. Der ehemalige Präsident von Tansania, Julius Nyerere, hat mir allerdings einmal in einem Gespräch versichert, er wisse dafür einen Weg: »Wenn die USA, die Sowjetunion und Europa ihre Rüstungsausgaben nur um die Hälfte kürzten, würde das ausreichen, um für alle Bewohner der Dritten Welt eine Alterssicherung zu schaffen, und das würde die Geburtenrate hier bei uns mit Sicherheit innerhalb eines Jahrzehnts halbieren.«
Er fügte allerdings hinzu, er fürchte, die Industriestaaten würden dazu nicht bereit sein, und meinte mit einem resignierten Lächeln: »Der Westen sagt, er braucht die Waffen zur Verteidigung gegen den Osten, der Osten rüstet sich gegen einen Angriff des Westens, und was im Süden passiert, ist für beide uninteressant.«

Ich habe Nyereres Zahlen nicht nachgerechnet. Aber angesichts der jährlichen Milliarden Ausgaben für Waffen erscheint mir die von ihm aufgezeigte Möglichkeit durchaus realistisch. Und heute sollte sie – theoretisch – sogar noch aussichtsreicher als damals sein. Denn der Ost-West-Konflikt bietet keine Rechtfertigung mehr für die kostspielige und sinnlose Waffenproduktion, besonders dann nicht, wenn man das durch ihre Halbierung einzusparende Geld für einen Zweck verwenden könnte, von dem wir alle profitieren würden.

Aber die Lobby der Rüstungsfabrikanten in den Hauptstädten des Nordens ist trotz der Ost-West-Entspannung so stark wie eh und je. Und sowohl ihr Geld wie auch ihre Argumente beeindrucken fast alle Regierungen im Norden. Da sind ihre Profite für die Wirtschaft ihrer Länder. Da sind die Arbeitskräfte, die sie beschäftigt. Und gerade im Hinblick auf die Ost-West-Entspannung präsentiert sie ein neues Argument: Zwar sei der Ost-West-Konflikt entschärft, geben die Waffenproduzenten zu, aber dafür nehme der Nord-Süd-Konflikt ständig bedrohlichere Formen und Ausmaße an, und dagegen müsse man sich nun wappnen.

Dieses Argument ist nicht so unsinnig, wie es auf den ersten Blick erscheint. Der Süden ist zwar arm. Eine kostspielige Aufrüstung, so sollte man meinen, könnte er sich daher gar nicht leisten. Aber der Norden verkauft nicht nur, sondern er verschenkt seine Waffen ja auch. Vielleicht nicht die allerbesten und allerneuesten. Aber ziemlich neue und wirksame schon. Um die Feinde seiner Feinde zu stärken.

Wie zum Beispiel den Irak, als es gegen den Iran ging. Oder Syrien, als es gegen den Irak ging. Die Herrscher beider

Länder, sowohl Saddam wie auch sein syrischer Kollege Assad, waren zwar als scharf antiisraelische und antiwestliche Diktatoren bekannt. Trotzdem erhielten sie Waffen. Keineswegs nur von Deutschland, sondern von den USA, der Sowjetunion, Großbritannien, Frankreich, von allen Industriestaaten des Nordens, die etwas anzubieten hatten. Und gegen diese von ihm gelieferten Waffen, so das Argument heute, muß der Norden sich verteidigen.

Zwar verhindert die kostspielige Fortsetzung der Waffenproduktion trotz Wegfalls der Gefahren aus dem Ost-West-Konflikt den Aufbau einer Alterssicherung für den Süden und damit einen Abbau des Bevölkerungszuwachses dort. Aber er sichert dem Norden auf lange Sicht die wirtschaftliche, damit automatisch auch die politische und vor allem natürlich die militärische Vorherrschaft über den Süden. Das hat der Krieg gegen den Irak unübersehbar deutlich gemacht.

Die Amerikaner verloren darin rund hundert Soldaten, die Iraker über hunderttausend – die toten irakischen Zivilisten und das total zerstörte Land nicht gerechnet. Zwar kostete der Krieg die Amerikaner nach überschlägigen Berechnungen etwa eine Milliarde Dollar pro Tag. Aber das Geld haben die Verbündeten der USA zunächst zu einem erheblichen Teil vorgestreckt. Und auf lange Sicht wird der Süden es dem Norden mit Zins und Zinseszinsen zurückerstatten.

Nicht nur der Irak. Der wäre nach seiner Zerstörung dazu nicht in der Lage. Aber die anderen Länder des Südens. Vor allem die reichen Ölstaaten im Nahen Osten, deren Regierungen ja von der Militäraktion profitierten. In einer ersten Vereinbarung hat Saudi-Arabien Washington bereits zugesagt: Die Ölpreise werden niedrig gehalten.

(Saudi-Arabien als größter Ölbesitzer der Welt hat es in der Hand, den Preis über seine Produktion zu steuern.) Und die Kontrolle über das Öl im Nahen Osten war ja schließlich eines der Kriegsziele des Nordens, auch wenn man dies so offen nicht aussprach.

Der erste Krieg zwischen Nord und Süd hat mit einem klaren Sieg des Nordens geendet. Daher wissen die Länder im Süden heute: Auch der Aufbau einer für ihre Verhältnisse starken Militärmacht gibt ihnen keine Chance, sich den politischen oder wirtschaftlichen Forderungen des Nordens erfolgreich zu widersetzen.

Daß sie trotzdem immer wieder Waffen erwerben, liegt unter anderem an der Verkaufskunst des Nordens. Der deutsche Bürger kauft im Alltag ja auch viele Dinge, von denen er im Grunde durchaus weiß, daß er sie nicht braucht – aber die Werbung bringt ihn dazu. Und außerdem: Wenn man Dinge geschenkt kriegt – wer denkt da schon an die Folgekosten? ◀

Die Vereinten Nationen bieten keine Hoffnung

■ Mitte März 1991. In einem Café in Hamburg an der Alster. Ich kenne meinen Gesprächspartner seit Jahren. Wir sind befreundet. Er ist Oberst bei der Bundeswehr. Er war ein paar Tage in England. Aus dienstlichem Anlaß. Das Essen drüben war »beschissen wie immer«, erzählt er mir, und das Bier war, »wenn möglich, noch beschissener« und außerdem auch noch warm. Aber ansonsten ist er zufrieden. Die Tommys waren gar nicht so böse über die Zurückhaltung der Deutschen im Golfkrieg, behauptet er, die haben das nur hochgespielt, um bei uns Geld rauszuholen; und das haben sie ja gekriegt.

»Nachdem die Amis den Krieg da unten gewonnen haben, ist das auch nicht mehr so wichtig«, setzt er hinzu. »Und die Araber dürften ja ihre Lektion gelernt haben, und bestimmt nicht nur die Araber ...«

Einen Frieden im Nahen Osten erwartet er allerdings genausowenig wie seine britischen Gesprächspartner. Zumindest nicht aufgrund einer freiwilligen Einigung der Staaten dort.

»Dafür müssen wir sorgen. Deshalb können wir auch nicht einfach abrüsten, wie unsere Friedensträumer das fordern. Araber und Afrikaner und die übrigen Völker da unten, die parieren nun mal nur, wenn man ihnen zeigt, daß man der Stärkere ist. Das ist deren Mentalität.«

Wenn er so arm wäre, wie die Leute im Süden es teilweise sind, würde er vielleicht auch so reagieren, gibt er zu. Er war einmal zwei Wochen in Pakistan, da hat ihn die Armut der Menschen dort schon beeindruckt. Dabei gehört Pakistan keineswegs zu den ärmsten Ländern der Welt, es gibt noch viel ärmere, wie er weiß.

Für ernsthaft gefährlich für uns hält er die Armut der Völker im Süden allerdings trotzdem nicht. Und die Angst, daß die Menschen von dort zu Millionen zu uns kommen, weil wir reich sind, hält er für zumindest übertrieben. Allerdings darf der Norden eben auch deshalb nicht einfach abrüsten.

Natürlich kann man sogenannte Asylsuchende nicht mit Bomben fernhalten, gibt er mir auf meinen Einwand zu. Das müssen die Regierungen der Länder im Süden tun.

»Aber dafür, daß die es tun, dafür müssen wir sorgen. Dafür sind wir nun mal, wie man so schön sagt, heute die Ordnungsmacht. Und damit das allen klar wird, dafür war der Krieg im Nahen Osten wichtig, da bin ich mit den Tommys völlig einig.«
Das habe nichts mit Imperialismus oder Neokolonialismus zu tun, behauptet er, sondern das liege im Grunde sogar im Interesse der Entwicklungsländer.
»Wenn die unser System der freien Marktwirtschaft übernehmen, das sich ja schließlich bewährt hat, kommen sie von ganz allein auf die Beine. Sie brauchen nur ordentlich zu arbeiten und das zu tun, was wir ihnen sagen. Dann läuft das schon.«

Der Norden hat im Nahen Osten gesiegt, das sagen nicht nur diejenigen Afrikaner und Asiaten, die, aus welchen Gründen auch immer, mit ihren Sympathien auf seiten des Irak standen, sondern das sagen auch die meisten bei uns. Fast alle sprechen von einer Auseinandersetzung zwischen den USA und dem Irak und nicht etwa zwischen dem irakischen Diktator und den Vereinten Nationen.
In den ersten Wochen nach Ausbruch des Konflikts gab es noch eine gewisse Hoffnung, zeitweise sogar eine richtiggehende Euphorie, dies könnte ein erster Schritt auf dem Wege zur Erfüllung eines alten Traums der Menschheit von einer für Frieden und Gerechtigkeit sorgenden Weltorganisation sein. Aber inzwischen haben sich die Hoffnungen darauf weitgehend wieder in ein Nichts aufgelöst. In meinem ersten langen Gespräch mit Nehru in den fünfziger Jahren habe ich den indischen Ministerpräsidenten auch nach seiner Ansicht über die UNO gefragt. Sie war auch für ihn eine Hoffnung. Allerdings hatte er schon

damals Bedenken. Sie richteten sich in erster Linie gegen den Sicherheitsrat, die einzige Institution des Weltgremiums, die gewisse Exekutivfunktionen besitzt.
Ihm gehören nur fünf Staaten als ständige Mitglieder an, die ein Vetorecht besitzen und damit Beschlüsse verhindern können: die USA, Großbritannien, Frankreich, die Sowjetunion und China. Und das war nach Nehrus Ansicht eine völlig einseitige Gewichtung der Organisation.
»Das bedeutet drei Mitglieder des Westblocks, zwei aus dem Osten und keiner aus dem Süden, also alle fünf aus den beiden Blöcken und kein Blockfreier dabei, das ist doch nicht gerecht!«
Er beanspruche einen solchen Sitz nicht für Indien, versicherte er, aber er mache keinen Hehl daraus, daß Indien dafür in Frage käme. Doch auch Staaten wie Brasilien, Indonesien, Mexiko seien dafür geeignet.
»Warum sind nur die Mächtigen in diesem Gremium vertreten und nicht die Machtlosen, wenigstens mit einem Vertreter?« setzte er erkennbar indigniert hinzu. »Das ist für mich keine Weltorganisation, sondern ein Club der Mächtigen und Reichen!«
Man kann darüber diskutieren, ob China nicht vielleicht zu den Armen gehört. Aber es war und ist noch heute ein kommunistischer Staat. Einen Blockfreien dagegen hat es unter den ständigen Mitgliedern des Sicherheitsrates nie gegeben.
Man mag das historisch erklären. Aber die Situation hat sich bis heute nicht geändert. Sie hat sich im Gegenteil sogar verschärft. Nach dem Wegfall des Ost-West-Gegensatzes gehören alle fünf ständigen Sicherheitsratsmitglieder dem Norden an, vertreten also die Interessen der Indu-

striestaaten – auch wenn China sich gelegentlich aus taktischen Erwägungen und zu Unrecht als Land der Dritten Welt geriert. Und bei Erörterungen über eine Reform des Sicherheitsrats wird zwar gelegentlich eine Aufnahme Deutschlands diskutiert, aber niemals die Aufnahme eines Staates der Dritten Welt. Der Rat bleibt also eine reine Interessenvertretung des Nordens.

Zwar kann in der Vollversammlung jeder Mitgliedsstaat seine Stimme erheben, auch Anträge stellen. Aber Wirkung hat das kaum. Denn die Vollversammlung der UNO hat keine Macht. Sie kann nichts durchsetzen.

Auch im Sicherheitsrat, der immerhin Beschlüsse fassen und sogar gelegentlich für ihre Durchsetzung sorgen kann, sind Länder der Dritten Welt vertreten. Aber sie haben kein Vetorecht wie die fünf Großen. Sie können daher nichts verhindern und somit auch nichts bewirken.

Deshalb ist für viele Länder der südlichen Hemisphäre die UNO in Wahrheit keine Weltorganisation, sondern, zumindest was die Praxis angeht, ein Club der Mächtigen. Und seit dem Ende des Ost-West-Konflikts, seit Ost und West miteinander stimmen, gilt das mehr denn je.

Die unterschiedliche Auslegung und Vollstreckung der Resolutionen zum Nahostkonflikt und zur Palästinenserfrage haben das überdeutlich gemacht. Die von den USA initiierten Resolutionen zum Nahostkonflikt wurden mit Ermächtigung durch den Sicherheitsrat unter Einsatz militärischer Mittel durchgesetzt. Dutzende von Beschlüssen in der Palästinenserfrage dagegen blieben bloßes Papier. Weil der Norden das so wollte. Daß eine überwiegende Mehrheit der Blockfreien gelegentlich eine notfalls zwangsweise Durchsetzung einer Resolution auch in der Palästinenserfrage forderte, hatte keinerlei Wirkung.

Die Macht- und Einflußlosigkeit des Südens in der Weltorganisation zeigt sich auch auf einem anderen Gebiet. Als die USA wegen der Verminung der Häfen Nicaraguas vor dem Internationalen Gerichtshof in Den Haag verklagt wurden, lehnte Washington das Gericht kurzerhand als »nicht zuständig« ab. Der offene Bruch des Friedens durch die Aktion blieb daher ungesühnt. Auch der Versuch des Iran, vor dem Internationalen Gerichtshof eine Entschädigung für ein von den USA abgeschossenes iranisches Verkehrsflugzeug und die dabei getöteten 290 Insassen einzuklagen, blieb erfolglos, weil Washington auch in diesem Fall die Zuständigkeit des Gerichts bestritt.
Der Internationale Gerichtshof ist aber darauf angewiesen, daß die streitenden Parteien sich freiwillig seinem Urteil unterwerfen. Sonst kann er nicht tätig werden. Die ablehnende Haltung der USA ist also juristisch nicht zu kritisieren. Aber sie erweckt zumindest den Eindruck, daß Washington die Weltorganisation nur dann anerkennt, wenn deren politische Haltung den amerikanischen Interessen entspricht.
Fidel Castro, den ich während eines Aufenthaltes auf Kuba auf das Thema ansprach, meinte denn auch spöttisch: »Juristisch ist Washington im Recht. Aber stellen Sie sich mal vor, wir hätten so gehandelt. Die ganze Welt wäre über uns hergefallen. Aber die USA können sich das leisten, weil sie die UNO beherrschen mit ihrem Geld und mit ihren Waffen. So, wie die UNO jetzt ist, kann sie nur handeln, wenn die reichen und mächtigen Industriestaaten es ihr erlauben. Und die tun das natürlich nur, wenn es in ihrem Interesse liegt.«
Das war lange vor dem Krieg im Irak.
Nicht immer stimmen die Länder der Dritten Welt mit

Fidel Castro überein, der übrigens von Beruf Rechtsanwalt ist. Aber in diesem Fall dürfte es nur sehr wenige geben, die ihm widersprechen.

Die UNO war, für viele jedenfalls, eine große Hoffnung. Weil sie eben im Prinzip, von ihrer Konzeption her, die Interessen aller, auch die der Armen und Machtlosen, berücksichtigen sollte. Aber gerade das, was uns Europäer, die Bürger der wohlhabenden Industriestaaten des Nordens, bei der Aktion gegen den Irak jetzt so ermutigte, nämlich die Solidarisierung so vieler Mitglieder bei der Bekämpfung eines aggressiven Diktators, das hat im Zuge der militärischen Aktionen und später der politischen Folgerungen daraus eine wachsende Skepsis in der südlichen Hemisphäre ausgelöst. Weil, je länger der Konflikt dauerte, desto stärker deutlich wurde, daß eben doch wieder allein die reichen und mächtigen Industriestaaten des Nordens bestimmen, was im Süden der Welt geschieht, und daß die hehren Parolen von »Frieden« und »Menschenrechten« in Wahrheit nur eine dürftige Verkleidung für den Egoismus der Reichen sind. ◀

5 ■ DAS LOS DER ARMEN

■ Der Zöllner auf dem Flughafen von Bogotá durchsucht den Koffer des vor mir stehenden Amerikaners so gründlich, daß dieser schließlich explodiert und ihn anfaucht: »Sie sollten sich lieber um Ihre Rauschgiftexporte kümmern, anstatt uns hier zu schikanieren!«
Der Kolumbianer sieht ihn hochmütig an.
»Machen Sie mir keine Vorschriften! Sie sind hier in Kolumbien und nicht in New York.«
Aber der Mann aus New York bleibt böse.
»Ihr Kolumbianer produziert das Gift, an dem unsere jungen Leute kaputtgehen.«
»Sie brauchen es ja nicht zu kaufen! Warum gehen Sie nicht in den USA gegen den Rauschgifthandel vor?«
»Was wir bei uns zu Hause tun, geht Sie gar nichts an!«
»Aber bei uns wollen Sie rumkommandieren.«
»Weil Sie Gift produzieren!«
»Und Sie handeln damit!«
Mit einer verächtlichen Geste schließt der Beamte den Koffer des Amerikaners, macht sein Kreidezeichen darauf und wendet sich meiner Tasche zu. Der Mann aus New York knurrt noch etwas von »Giftküche« und »Bomben

drauf schmeißen« und verschwindet. Der Kolumbianer sieht ihm mit zusammengekniffenen Augen nach.
»Wir wissen selber, daß der Coca-Anbau Scheiße ist. Aber bei sich zu Hause tun die Yankees nichts gegen den Handel damit, nur bei uns wollen sie rumkommandieren. Und wovon sollen die Bauern bei uns denn leben? Etwa noch mehr Kaffee anbauen, damit er noch billiger wird und sie dann dabei verhungern?«

Enttäuschung, Ressentiments, unverhohlene Wut. Man bekommt sie heute überall im Süden zu spüren, wenn auch vielleicht nicht immer so drastisch. Aber sie sind lebendig. Denn der Traum von der Wahrheit und vom Wohlstand ist ausgeträumt. Seit sich die Vorstellungen von Karl Marx in der Praxis als undurchführbar erwiesen, ist die Welt nur noch zweigeteilt – in den reichen Norden und den armen Süden. Eine Dritte Welt gibt es nicht mehr.
Der Norden, zu dem in absehbarer Zeit auch Osteuropa und die Sowjetunion oder ihre Nachfolgestaaten gehören werden, ist reich und mächtig. Basis seines Wohlstands und seiner Macht ist seine immer leistungsfähiger werdende Industrie, zu der im weiteren Sinne auch die zunehmend technisierte Landwirtschaft gehört.
Diese Industrie ist längst in der Lage, den Bedarf eines erheblichen Teils der Bevölkerung auch der südlichen Hemisphäre zu decken. Dort noch existierende Betriebe sind meist nur noch Zulieferer; ihre Gewinne fließen in den Norden und finanzieren dort die Entwicklung immer wirksamerer Waffen mit immer stärkerer Zerstörungskraft, die dem Norden die Möglichkeit geben, seine Vorstellungen und Forderungen notfalls mit Gewalt durchzusetzen. Der Einsatz dieser Waffen ist vermutlich nur noch

selten nötig. Eine gelegentliche Demonstration ihrer Wirksamkeit wie etwa im Golfkonflikt genügt, um den Völkern des Südens klarzumachen, daß Gehorsamsverweigerung Selbstmord ist.

Der Süden bleibt weiterhin Lieferant wie in der Kolonialzeit. Er liefert Eisenerz, Kupfer und Uran, Kaffee, Tee und Kakao, Holz, Baumwolle, Kautschuk und Öl. Die Preise bestimmt der Käufer, also der Norden. Wollen die Lieferanten dagegen eine steigende Nachfrage für Preiserhöhungen nutzen, setzt der Norden notfalls seine Macht ein – wie etwa beim Öl im Nahen Osten – und sorgt dafür, daß die Preise niedrig bleiben.

Zugleich ist der Süden Absatzmarkt für Waren, die der Norden produziert, bei sich aber nicht mehr absetzen kann, wie Autos und Kühlschränke, Fernsehapparate und Waffen, Chemikalien, Traktoren, Kraftwerke und Raffinerien. Deren Preise bestimmen die Produzenten, da die Erwerber sie selbst ja nicht oder nicht in genügender Menge produzieren. Ihr Erlös erhöht weiter den Wohlstand des Nordens und ermöglicht ihm zugleich die Weiterentwicklung jener Waffen, mit deren Hilfe er dann bei den Rohstofflieferanten und Konsumenten des Südens für »Ordnung« sorgt. All dies ist im Grunde genauso geblieben, wie es in der Kolonialzeit war.

Als nach Ende des Zweiten Weltkriegs zunächst in Asien, dann auch in Afrika die Kolonialmächte zur Aufgabe ihrer Herrschaft und zum Rückzug gezwungen wurden und als auch in Lateinamerika sich immer mehr Völker den Anordnungen der Yankees widersetzten, da begannen die Vorkämpfer und Sprecher des Südens von Nehru und Nkrumah bis zu Nasser und Fidel Castro ihren Traum zu träumen von einer Dritten Welt, die ihre Möglichkeiten und ihre Chancen nutzt, die sich allmählich unabhängig von den Weisungen der reichen Kolonialherren macht und die auf dem Wege über einen, wenn auch nur langsam wachsenden Wohlstand ihre eigene soziale Gesellschaftsordnung entwickelt.

Wie viele meiner Kollegen habe auch ich an die Möglichkeit geglaubt, diesen Traum zu verwirklichen, und habe ihn sogar ein wenig mitgeträumt. Heute weiß ich, es war ein Irrtum, eine Illusion. Die Welt bleibt vielmehr zweigeteilt. Die im Süden leben, bleiben arm. Und daß das so bleibt, dafür sorgen wir Reichen im Norden.

Wir wissen zwar, es wird schwieriger. Die weltweit wachsende Kommunikation, die von uns verkauften Transistorgeräte in der Wüste und die Fernsehapparate in den Slums lassen die Armen nämlich hören und sehen, wie reich wir sind und wie angenehm wir in unserem Wohlstand leben. Und wer das sieht und hört und es mit seiner eigenen Lage vergleicht, der ist schnell versucht, sein Land zu verlassen und in den Norden zu ziehen, wo offenbar Milch und Honig fließen.

Das beginnt, uns Angst zu machen. Wir haben daher auch bereits angefangen, uns dagegen zu schützen. Auf unserem Erdteil entsteht die »Festung Europa«. Wir haben begonnen, eine Mauer zu bauen, die uns schützt, so, wie einst der Osten es gegen den Westen tat, mit wenigen engen Toren, über denen unsichtbar ein Schild hängt mit der Aufschrift »Eintritt für Arme verboten«. An der Grenze der Türkei, die sich angestrengt um Zugehörigkeit zum Norden bemüht, hing dieses Schild, als die Kurden kamen.

Es ist sinnlos, vom Norden zu erwarten oder gar zu fordern, daß er dem Süden aus seiner Armut heraushilft. Er kann es nicht, weil er nur die Rezepte kennt, die ihm zu seinem Wohlstand verholfen haben. Aber die sind untauglich für den Süden. Denn die Länder und vor allem die Menschen dort sind anders als die im Norden. Außerdem fehlen ihnen die Patente und die Ausbildung, die eine profitable Anwendung dieser Rezepte erst ermöglichen. Aber gerade die behält der Norden für sich, weil er davon ja profitiert.

Vermutlich will der Norden – entgegen allen öffentlichen Beteuerungen – dem Süden im Grunde auch gar nicht helfen.

Denn seine Armut ist eine wichtige Voraussetzung für die Abhängigkeit des Südens vom Norden, wirtschaftlich wie politisch, und von ihr profitieren wir im Norden. Und da wir seit dem Zusammenbruch des Ostens keinen Rivalen mehr haben, dessen Konkurrenz wir fürchten müssen, können wir allein bestimmen, welchen Weg der Süden zu gehen hat. Und das nutzen wir.

Die Zweite Welt gab der Dritten eine Chance, auch wenn ihr Rezept untauglich war. Aber ihre bloße Existenz gab dem Süden die Möglichkeit zu wählen. Weil jetzt die Zweite Welt fehlt, bleibt der Süden abhängig vom Norden. Und unsere freie Marktwirtschaft sorgt dafür, daß die Völker des Südens weiter arm und von uns abhängig bleiben.

Ob eines Tages China oder die sogenannten Schwellenländer sich zu einer Zweiten Welt entwickeln, wie einige das hoffen, ist ungewiß. Sollte es dazu kommen, wird es in jedem Falle viele Jahre, vermutlich Jahrzehnte dauern. Und bis dahin haben die Völker der sogenannten Dritten Welt mit Sicherheit ihre schon heute nur noch sehr dünne Verbindung zu ihren Wurzeln endgültig verloren. Und ein Ausweg aus ihrer Armut wird dann für sie noch viel schwieriger, als er heute schon ist. ◂